A MAGIA DO GERENCIAMENTO DO TEMPO

LEE COCKERELL

**Ex-vice-presidente executivo
do** Walt Disney World® Resort
e autor de *A magia do atendimento*

A MAGIA DO GERENCIAMENTO DO TEMPO

Como organizar sua vida,
definir prioridades e tornar
seu dia muito mais produtivo

Tradução
Cristina Yamagami

Benvirá

- O autor e a editora se empenharam para citar adequadamente e dar o devido crédito a todos os detentores de direitos autorais de qualquer material utilizado neste livro, dispondo-se a possíveis acertos posteriores caso, inadvertida e involuntariamente, a identificação de algum deles tenha sido omitida.

- Traduzido de TIME MANAGEMENT MAGIC: How to get More Done Every Day and Move from Surviving to Thriving
  Copyright © 2014 by Lee Cockerell
  All rights reserved.
  ISBN: 9781642793185

- Direitos exclusivos para o Brasil para a língua portuguesa
  Copyright da edição brasileira ©2016 by
  Benvirá, um selo da SRV Editora Ltda.
  Uma editora integrante do GEN | Grupo Editorial Nacional
  Travessa do Ouvidor, 11
  Rio de Janeiro – RJ – 20040-040

- **Atendimento ao cliente: (11) 5080-0751 | faleconosco@grupogen.com.br**

- Reservados todos os direitos. É proibida a duplicação ou reprodução deste volume, no todo ou em parte, em quaisquer formas ou por quaisquer meios (eletrônico, mecânico, gravação, fotocópia, distribuição pela Internet ou outros), sem permissão, por escrito, da **SRV Editora Ltda.**

- Capa: Caio Cardoso
  Diagramação: Mayara Enohata

- **DADOS INTERNACIONAIS DE CATALOGAÇÃO NA PUBLICAÇÃO (CIP)**
  ANGÉLICA ILACQUA CRB-8/7057

Cockerell, Lee
A magia do gerenciamento do tempo / Lee Cockerell ; tradução de Cristina Yamagami. – [4. Reimp.] – São Paulo: Benvirá, 2025.

144 p.
ISBN 978-85-5717-014-8
Título original: *Time management magic*

1. Administração do tempo 2. Autodisciplina 3. Organização I. Título II. Yamagami, Cristina

CDD 658.4093
CDU 159.947.3

Índices para catálogo sistemático:
1. Administração do tempo

"Se você não arranjar tempo para trabalhar no desenvolvimento da vida que deseja, acabará sendo forçado a gastar MUITO tempo lidando com uma vida que você não quer."

KEVIN NGO

"O que realmente importa é o modo como escolhemos passar o tempo aqui e agora. Se você está cansado de como interage com o tempo, dê um jeito de virar a mesa."

MARCIA WEIDER

"O dia tem duração infinita para quem sabe valorizá-lo e usá-lo."

JOHANN WOLFGANG VON GOETHE

Este livro é dedicado à minha avó,
Jo Ella Pomeroy Cook, que me deu meu
primeiro relógio quando fiz 5 anos e
sempre teve tempo para mim.

SUMÁRIO

Prefácio 11

Introdução 15

Capítulo 1 | Você é o dono da sua vida! 21

Capítulo 2 | Você é o dono do seu tempo... e da
sua vida! 45

Capítulo 3 | Como usar sua agenda 61

Capítulo 4 | Aprenda a atribuir as
prioridades certas 81

Capítulo 5 | Siga os conselhos da sua mãe
sobre procrastinação 107

Capítulo 6 | Os conselhos de Priscilla
sobre a distração 123

Capítulo 7 | Considerações finais 133

Sobre o autor 141

PREFÁCIO

"Sem dúvida vou fazer um curso
de gerenciamento de tempo...
Assim que conseguir abrir um
espaço na minha agenda."

LOUIS E. BOONE

Algumas pessoas realizam sonhos traçando meticulosamente uma rota e seguindo o plano sem jamais se desviar. Outras atingem seu potencial recebendo cada novo dia de braços abertos, reconhecendo as oportunidades e se deixando levar pelo fluxo e por seus impulsos naturais. Lee Cockerell pertence a essa segunda categoria. Ele é palestrante de renome internacional, autor de best-sellers e ex-vice-presidente executivo do Walt Disney World® Resort, cargo que ocupou por dez anos. E, antes de passar 16 anos trabalhando para a Disney em Paris e em Orlando, Lee trabalhou para a rede de hotéis Hilton por oito anos e para a Marriott International por 17 anos.

Seus livros, *Criando magia* e *A magia do atendimento*, inspiraram incontáveis pessoas ao redor do mundo, ensinando-as a criar a própria magia e a prestar atendimento de primeira categoria.

Lee Cockerell é um homem que venceu pelos próprios esforços. Seu sucesso não foi fácil nem rápido, muito menos planejado. Ele nasceu em uma fazenda no estado norte-americano de Oklahoma e sua família não tinha dinheiro nem água encanada. Ele começou a trabalhar aos 8 anos, ordenhando uma vaca e vendendo leite aos vizinhos. Como a vaca produzia leite todos os dias, Lee também trabalhava todos os dias, sem tirar nenhuma folga.

Agora, olhando para trás, dá para perceber que esse trabalho teve grandes ramificações, e ele aprendeu a ser responsável e a prestar contas de suas ações, obtendo assim as bases da disciplina pessoal que incorporou à sua vida.

Em *A magia do gerenciamento do tempo*, você vai aprender um sistema e um modo de ver o mundo que prometem aumentar sua capacidade de levar uma vida altamente produtiva, equilibrada e eficaz.

Lee largou a faculdade depois de dois anos e entrou no Exército em 1964. Como ele conseguiu ter tanto sucesso quando tantos outros fracassaram depois de terem abandonado os estudos e passado a viver sem um "plano mestre"? Ele acredita que se beneficiou de sua capacidade de ser extremamente organizado e disciplinado e por ter uma atitude positiva do tipo "nada é impossível".

Lee gosta de dar o seguinte conselho: "Jamais subestime sua capacidade. Muita gente desanima e pensa em desistir diante de contratempos, mas é justamente quando enfrentamos dificuldades que não podemos desistir. Pense um pouco a respeito. Para que desistir quando o sucesso pode estar à sua espera, logo adiante? A situação não vai melhorar se você desistir".

Outro conselho de Lee Cockerell: "Tudo na vida é uma questão de atitude. Você é o autor de sua própria história. Você cria sua própria magia. O melhor emprego é o que você tem. Dê tudo de si, seja o melhor que puder no trabalho e nunca pare de aprender. Assim, quando a próxima oportunidade chegar, você estará pronto para ela". Ser organizado é o segredo para se preparar.

PREFÁCIO 13

Lee está aposentado e não trabalha mais na Disney, mas ainda se dedica a fazer uma diferença positiva no mundo. Ele viaja muito, conduzindo seminários e dando palestras sobre como ser um líder e um gestor melhor e como garantir um atendimento de primeira aos clientes.

Este livro vai mudar a sua vida. Boa leitura!

INTRODUÇÃO

Não é a magia da Disney que vai fazer sua vida funcionar. É o modo como você trabalha que vai trazer magia à sua vida!

"Quem sabe um dia, assim que possível e assim que eu tiver um tempo não são um sistema."

LEE COCKERELL

Durante o período em que trabalhei como vice-presidente executivo de operações do Walt Disney World® Resort, vi com meus próprios olhos como nossa equipe criou experiências mágicas para os hóspedes, brinquedos fantásticos para os parques temáticos e atrações sem igual que fazem do Walt Disney World o lugar mais feliz do planeta. No entanto, nem os mais talentosos Membros do Elenco da Disney[1] descobriram um jeito de estender, mesmo que por um segundo, a quantidade de tempo que eu e você temos à disposição. Ainda nos pegamos sem tempo, desejando que o dia tivesse mais que 24 horas e com a eterna sensação de precisarmos só de mais um segundo, mais um minuto, mais um dia. Parece que todo mundo tem dificuldade em gerenciar o tempo.

Na Disney, cheguei a liderar nada menos que 40 mil Membros do Elenco. Tive de me transformar em um expert em gerenciamento de tempo, primeiro por uma questão de sobrevivência e, depois, para ajudar os outros a usar melhor o tempo.

Quando viajo pelo mundo ensinando os princípios de liderança que apliquei no Exército dos Estados Unidos e nos meus 42 anos trabalhando na rede de hotéis Hilton, na Marriott International e na Walt Disney Company, na França e em Orlando, sempre me perguntam como eu gerenciava meu tempo. As pessoas querem saber como eu conseguia fazer qualquer coisa, considerando que eu

---

1. Como são chamados os funcionários da Disney. Do inglês *cast members*. [N.E.]

era responsável pelos resultados de 40 mil pessoas. Em vista desse interesse, decidi usar parte do meu tempo toda manhã para escrever tudo o que aprendi sobre como gerenciar o tempo. Eu gostaria de ajudar as pessoas a aprender logo essas técnicas, para não cometerem os mesmos erros que eu cometi antes de desenvolver um bom sistema de gerenciamento de tempo.

No entanto, este livro não se restringe ao gerenciamento de tempo. Trata-se, na verdade, de um livro sobre o *gerenciamento da vida*. O termo "gerenciamento" é definido como o ato de controlar. Este livro vai ajudá-lo a manter todas as facetas da sua vida sob controle.

Se, depois de ter aprendido as técnicas apresentadas neste livro, você quiser saber ainda mais sobre o conceito do gerenciamento da vida, recomendo muito que faça um curso presencial. Visite meu site, www.LeeCockerell. com, para saber como me contratar para ensinar o tema na sua organização.

Também recomendo uma visita ao site Thrive15.com, que disponibiliza vídeos divertidos e impactantes de 15 minutos sobre formação e treinamento de gerenciamento de tempo e sobre praticamente todos os outros temas dos quais você e sua organização precisam para ter sucesso. Outra vantagem de se cadastrar no Thrive 15 é que, a cada assinatura paga, uma assinatura gratuita é concedida a um veterano das Forças Armadas dos Estados Unidos. O programa se chama One for One. Sou um grande fã das Forças Armadas norte-americanas, fui ao

Iraque em 2011 para conduzir 13 seminários para os guerreiros e para o Departamento de Estado na embaixada dos Estados Unidos em Bagdá e tenho muito orgulho de ser associado ao programa.

Meu site também disponibiliza [em inglês] um "Pensamento de Liderança da Semana" toda segunda-feira de manhã, além de uma seção contendo todos os pensamentos de liderança anteriores e meu blog *Lições sobre liderança*. O blog contém mais de 500 posts sobre como ser um líder e um gestor melhor, além de incontáveis dicas sobre como melhorar o atendimento ao cliente da sua organização.

No meu site você também encontra informações sobre meu aplicativo para iPhone e Android, o *Leadership and Coaching on the Go*, bem como sobre meus livros *Criando magia*, *A magia do atendimento* e este *A magia do gerenciamento do tempo*. Todo esse material proporcionará a você um conhecimento prático sobre como atingir a excelência na liderança, na gestão e no atendimento ao cliente.

Jamais se esqueça do que costumo dizer ao meu público e à minha família: *"Nunca é tarde demais para melhorar!"*.

Em suma, todos nós podemos melhorar ao aplicar o gerenciamento do tempo e da vida ao nosso dia a dia.

O sistema apresentado aqui é como qualquer outro sistema. Você pode aprender a aplicá-lo do mesmo modo como aprende qualquer outra coisa. Lembre que tudo começa difícil até ficar fácil, mas, quando você domina as partes difíceis, a vida fica bem mais fácil.

Para concluir, tenho duas previsões para você. Quando terminar de ler este livro, você vai:

1. Acreditar, sem sombra de dúvida, que pode fazer muitas coisas para gerenciar sua vida com mais eficácia e eficiência.

2. Estar pronto para implementar um sistema fácil que visa planejar e atingir suas metas.

1

VOCÊ É O DONO DA SUA VIDA!

"Nunca diga que você não tem tempo. Você tem exatamente o mesmo número de horas por dia que Helen Keller, Pasteur, Michelangelo, Madre Teresa, Leonardo da Vinci, Thomas Jefferson e Albert Einstein tiveram."

H. JACKSON BROWN

Uma das coisas mais importantes que você pode fazer é parar para refletir profundamente sobre como gasta seu tempo, como *não* gasta seu tempo e onde *deveria* gastar seu tempo, não só no trabalho, mas em todos os âmbitos da sua vida. A qualidade da sua vida depende diretamente de como e onde você gasta seu tempo.

Hoje em dia, praticamente todo mundo se sente oprimido por todas as demandas que ocupam seu tempo, demandas que nunca foram tão intensas quanto agora. A maioria das pessoas precisa render mais no trabalho, e isso, somado a todas as responsabilidades fora do escritório, pode ser tão estressante que as pessoas simplesmente sentem que não têm controle sobre a própria vida. É um sentimento terrível. Não é o estresse que nos mata, mas sim a *angústia* de sentir que perdemos o controle.

Entretanto, uma das coisas mais importantes que aprendi na vida foi: *as pessoas não estão sobrecarregadas, elas só não são organizadas.*

Precisamos descobrir como ser mais organizados, para darmos conta de todas as tarefas urgentes, vitais e importantes antes que seja tarde demais. Acredito que qualquer pessoa seja capaz de fazer 50% mais do que faz agora, incluindo todas as coisas *certas*, se tiver um sistema eficaz que mantenha a vida sob controle.

A maior desculpa que as pessoas dão para não fazer o que deveriam fazer é: "Não tive tempo". Ao longo deste livro, mostrarei por que essa afirmação é simplesmente ridícula. Na verdade, isso não passa de uma desculpa, já que todos nós temos exatamente a mesma quantidade de tempo. Pare para pensar na profundidade desta última frase. Pensando assim, fica claro que Oprah Winfrey, Bill Gates, Mark Zuckerberg e J. K. Rowling não têm nem um segundo a mais de tempo do que nós temos. O mesmo pode ser dito de qualquer pessoa de sucesso da história: Thomas Edison, Susan B. Anthony, Martin Luther King Jr., Estée Lauder... Ninguém tem mais que 24 horas por dia... e ninguém tem *menos* que isso.

Em resumo, algumas pessoas muito ocupadas conseguem fazer tudo e algumas pessoas não tão ocupadas não conseguem fazer muita coisa.

O problema é que as pessoas acreditam na desculpa do "Não tenho tempo". Elas realmente acreditam que as coisas são assim. Mas não são. As coisas são moldadas de acordo com seu desejo. Vale repetir: *todos nós temos a mesma quantidade de tempo*. Pela minha experiência, as pessoas em geral têm tempo para fazer o que querem, mas não dão um jeito de arranjar tempo para fazer o que *deveriam* fazer.

Como sempre digo aos líderes: "Seu papel é fazer o que tem de ser feito, quando tem de ser feito, do modo como precisa ser feito, gostando ou não e doa a quem doer". E a liderança não é uma questão de títulos, descrições de cargo ou nível salarial. Liderança e gerenciamento são duas coisas muito diferentes. O gerenciamento diz respeito a como *fazer*. Já a liderança está relacionada a como *ser*. É uma questão de ter influência e afetar as

VOCÊ É O DONO DA SUA VIDA! 23

pessoas. E a liderança não se limita ao mundo do trabalho. *Somos todos líderes.* De uma forma ou de outra, seja no trabalho, em casa, no nosso bairro, na nossa comunidade ou no nosso local de prática religiosa, todos somos líderes e todos precisamos nos organizar melhor e garantir que as pessoas possam contar conosco.

Essa ideia é especialmente relevante para os pais. As crianças não precisam ser alegres o tempo todo. Sua responsabilidade ao criar os filhos é fazer o que tem de ser feito, quando tem de ser feito, do modo como tem de ser feito, quer isso agrade seus filhos ou não. Desligue a TV. Faça com que desliguem os jogos eletrônicos e os computadores. Force-os a brincar no quintal e a ler livros, mesmo que eles não gostem. A boa forma física e a paixão pela leitura estão entre as dádivas mais importantes que você pode dar a seus filhos.

Os pais podem dizer "não". Com efeito, se você ama seus filhos, dirá "não" com frequência, para o próprio bem deles. Outro dia a prefeitura de São Francisco tentou sancionar uma lei proibindo o McDonald's de dar brinquedos em suas refeições infantis. Eu achei que fosse uma piada. O problema não é o brinquedo. O problema não é o conteúdo nutricional da refeição. O problema são os pais. Não é culpa do McDonald's que tantas pessoas estejam acima do peso. A culpa é da pessoa que não tem autodisciplina suficiente. Com autodisciplina, você é capaz de realizar praticamente qualquer coisa em todas as áreas da sua vida.

Pense em todos os líderes que mudaram o mundo ao longo dos séculos. A maioria deles não era diretor-geral, vice-presidente executivo nem presidente de uma empresa. Eles não eram diretores financeiros, diretores de informática, diretores operacionais, diretores de marketing, diretores de compras nem tinham qualquer outro cargo que você possa imaginar. Eles eram pessoas comprometidas com o que faziam e dispostas a ir até o fim. Eram apaixonados, extremamente focados e implacáveis. Tinham uma atitude do tipo "nada é impossível". Eles nunca desistiam.

Penso em pessoas como Harriet Beecher Stowe, Nelson Mandela, Marie Curie, Albert Einstein, Mahatma Gandhi, Rosa Parks... Pessoas comuns quando começaram, mas que fizeram do mundo um lugar muito melhor. Pense em Abraham Lincoln. Sem seu foco e sua determinação, a 13ª Emenda da Constituição norte-americana não teria sido promulgada e a maldição da escravidão teria persistido. Ele e os outros fizeram o que a maioria dizia que não poderia ser feito. Não acreditavam neles. E, como Henry Ford afirmou, "Você pode acreditar que é capaz ou que não é capaz; de um jeito ou de outro, você estará certo".

> Ser "eficiente" é ser capaz de fazer as coisas. Ser "eficaz" é fazer as coisas certas na ordem certa e lidar com tudo o que é urgente, vital e importante em todos os aspectos da sua vida.

Nunca subestime a diferença que você pode fazer no mundo. E nunca diga que não tem tempo. Você tem a mesma quantidade de tempo de todas aquelas pessoas cujas realizações nós admiramos. Neste livro, você vai aprender a gerenciar esse tempo para fazer tudo o que mais importa na sua vida. Se você já for uma pessoa disciplinada, vai aprender como usar essa disciplina para ser ainda mais eficiente e mais eficaz. E o xis da questão é ser, ao mesmo tempo, eficiente e eficaz. Ser "eficiente" é ser capaz de fazer as coisas. Ser "eficaz" é fazer as coisas certas na ordem certa e lidar com tudo o que é urgente, vital e importante em todos os aspectos da sua vida.

PAGUE AGORA OU PAGUE DEPOIS

Antes de fazer um curso de gerenciamento de tempo mais de 30 anos atrás, eu costumava passar tempo demais no escritório. Era comum trabalhar aos sábados e aos domingos e levar trabalho para casa toda noite. Eu conseguia fazer o que tinha de ser feito e me considerava um sujeito bastante organizado. Mas minha vida era muito pouco equilibrada. Foi então que fiz o curso e aprendi um sistema que revolucionou minha vida. Comecei a colher os frutos assim que passei a aplicar o que aprendi, e posso dizer que continuo sendo recompensado todos os dias desde então.

Foi por isso que resolvi escrever este livro: para que você também possa se beneficiar do que aprendi. Você será recompensado de maneiras que nunca imaginou. Talvez você esteja se sentindo sobrecarregado. Talvez esteja desanimado diante de coisas demais para fazer e tempo de menos. Esses sentimentos vão desaparecer com o tempo. A situação não é desesperadora. Você pode aprender a ser mais organizado e disciplinado, mas precisa querer.

Quando me perguntam o que mais me preocupa na vida, respondo que é ver como as pessoas são desorganizadas. É um problema enorme. A maioria das pessoas não tem absolutamente nenhum sistema para planejar o dia, a semana, o mês ou o ano. Elas usam sistemas no trabalho, como checklists, diretrizes operacionais, políticas e procedimentos. Mas, para gerenciar a vida pessoal, não usam nenhum. Elas esperam, desejam e rezam para tudo dar certo, mas isso está bem longe de ser um sistema. Na verdade, infelizmente, *a maioria das pessoas gerencia melhor o tempo para a empresa do que para si mesmas.*

Sempre faço uma pergunta aos participantes do meu curso de gerenciamento do tempo e da vida, e eles sempre acertam a resposta. A pergunta é: "Quem é o maior responsável por controlar os acontecimentos da sua vida?".

Você sabe a resposta, que é a primeira palavra desta frase: VOCÊ! Espero que este livro e a abordagem aqui apresentada o ajudem a refletir sobre suas responsabilidades no trabalho, em casa e em todos os outros âmbitos da sua vida, como sua saúde, sua comunidade, seu desenvolvimento pessoal e suas finanças.

Falando nisso, um fator importante do gerenciamento de tempo é pensar a curto e a longo prazo, o que implica desenvolver um plano de aposentadoria a tempo de se beneficiar da magia dos juros compostos. Você não pode esperar para focar a aposentadoria alguns poucos anos antes de se aposentar, do mesmo modo como não pode começar a planejar a educação de seus filhos só quando eles fizerem 16 anos ou deixar para pensar na sua saúde só quando adoecer. O mais triste é que a maioria das pessoas protela essas decisões até serem forçadas a encará-las. As pessoas só começam a se exercitar depois de fazerem uma cirurgia de ponte de safena. Só começam a fazer caminhadas depois de caírem e quebrarem o quadril. Só param de fumar depois de serem diagnosticadas com câncer de pulmão. Só planejam o desenvolvimento pessoal dos filhos quando eles entram em uma faculdade particular que elas não têm como pagar ou quando algo muito pior acontece (por exemplo, quando os filhos passam a ter problemas com drogas, enfrentam uma gravidez indesejada ou sofrem de baixa autoestima e pouca autoconfiança). E elas só param para pensar seriamente a respeito da própria aposentadoria quando fazem 60 anos, de modo que acabam sendo forçadas a trabalhar até os 70 ou 80 anos, inclusive sofrendo desnecessariamente por não poderem pagar por cuidados médicos. Por acaso você planeja ser o primeiro ser humano da história a não envelhecer nem precisar de fundos de aposentadoria?

Você pode pagar agora ou depois por praticamente qualquer decisão que tomar sobre onde e como gasta seu tempo.

A HABILIDADE MAIS IMPORTANTE

Todo mundo sabe o que deveria ou não deveria estar fazendo, mas, por alguma razão, muitos simplesmente ignoram esse conhecimento. "Quem sabe um dia" não é um dia da semana. Muitas razões psicológicas podem levar as pessoas a não fazer o que sabem que deveriam fazer, mas uma razão fundamental é a seguinte: *elas simplesmente não sabem como*. Elas desconhecem um sistema organizado para fazer o que deve ser feito. Escolas de ensino médio, faculdades e universidades não dão cursos de gerenciamento do tempo e da vida, que provavelmente é a habilidade mais importante que uma pessoa precisa desenvolver para ter sucesso e ser feliz.

Correndo o risco de ser repetitivo, gostaria de reiterar a profundidade desse conceito:

> O gerenciamento do tempo e da vida é, provavelmente, a habilidade mais importante que uma pessoa precisa desenvolver para ter sucesso e ser feliz.

Espero que este livro o faça acordar antes que seja tarde demais. Para poder se beneficiar mais desta obra, você precisa ser *sincero* consigo mesmo.

RESPONDA ÀS PERGUNTAS A SEGUIR:

- Pensando em sua vida, do que você não gosta?

- Pensando em sua saúde, do que você não gosta?

- Pensando em seu trabalho, seus amigos, sua família ou seu salário, do que você não gosta?

- Qual é seu maior problema na vida pessoal?

- Qual é seu maior problema na vida profissional?

- O que você pretende fazer a respeito disso?

Aprender a arte e a ciência do gerenciamento do tempo e da vida com certeza vai ajudá-lo a resolver esses problemas. Mas vamos ser sinceros: talvez isso não seja suficiente e, se não for, eu o encorajo a encontrar alguém que possa ajudá-lo.

USANDO UMA AGENDA

Meu curso de gerenciamento do tempo e da vida é ministrado à moda antiga, com métodos da era pré-digital. Uso uma agenda da marca norte-americana Day-Timer® para implementar os princípios e as técnicas que ensino no curso. O modelo de que gosto é o chamado "Two-Page-Per-Day Original", uma agenda diária de página dupla, e o código do produto é 98010. Porém, se você não mora nos Estados Unidos ou não tem facilidade de acesso a essa agenda específica (escrita em inglês), pode fazer sua própria agenda usando um caderno pautado, em branco, e reservando duas páginas para cada dia do mês. Use como modelo o exemplo do Day-Timer® que apresento nas páginas 64-65 e 68-69. Ou então você pode procurar uma agenda parecida com a Day-Timer® em alguma papelaria de sua cidade.

Já faz mais de 25 anos que uso o sistema Day-Timer®, que me ajudou a incutir equilíbrio e ordem nos meus dias caóticos e a atingir mais sucesso do que eu imaginava ser capaz na vida, tanto pessoal quanto profissional.

Uso essa agenda para planejar todos os meus dias, semanas e anos. E a uso para manter minha vida sob controle. Posso lhe garantir que não sou um dinossauro. Gosto do mundo digital e recebo todos os avanços tecnológicos de braços abertos. Tenho um smartphone e o uso para conferir o calendário, acessar meus e-mails e minha lista de contatos (que inclui mais de 3 mil contatos) e navegar na internet. Mas eu não preciso de um smartphone para me organizar. Aprendi a ser organizado na época em que Steve Jobs ainda sonhava com a Apple. Devo admitir, contudo, que meu smartphone aumentou ainda mais minha eficiência.

Desse modo, agora tenho duas excelentes ferramentas para manter o controle da minha vida: minha agenda em papel e meu smartphone. Mais adiante neste livro, vou explicar como uso essas duas ferramentas para me organizar e manter minha vida sob controle, mesmo quando viajo pelo mundo para dar palestras, participar de conferências e conduzir workshops enquanto tento também ser o melhor pai, avô e marido que sou capaz de ser.

Tendo observado milhares de pessoas ao redor do mundo, estou convencido de que aquelas que usavam uma agenda de papel e migraram para o smartphone agora são menos organizadas, menos eficazes e menos eficientes do que costumavam ser. Uma razão para isso é que elas acabam perdendo mais tempo do que ganham, porque agora têm um novo e sofisticado brinquedo com

32   A MAGIA DO GERENCIAMENTO DO TEMPO

o qual se distrair em vez de fazer o que precisa ser feito. Pouquíssimas pessoas são disciplinadas a ponto de se manter focadas no que mais importa em vez de perder o foco com as funcionalidades divertidas, informativas ou empolgantes do smartphone. Se você deseja atingir a excelência no gerenciamento de tempo, não pode se dar ao luxo de se distrair com as intermináveis ondas de mensagens de texto, e-mails e atualizações do Facebook, do Twitter e do Instagram que desviam do rumo tantos aspirantes a líder.

> Estou convencido de que as pessoas que usavam uma agenda de papel e migraram para o smartphone agora são menos organizadas, menos eficazes e menos eficientes do que costumavam ser.

COMO COMEÇAR

A primeira coisa a ser feita é definir o termo "gerenciamento de tempo". Para os propósitos deste livro, vamos definir "tempo" como *os eventos que ocorrem um após o outro, 24 horas por dia e sete dias por semana.* Dito de modo simples, acordamos de manhã e percorremos uma série de eventos ao longo do dia, repetindo esse padrão dia após dia durante a vida toda. Estamos cientes de muitos desses eventos quando acordamos. Reservamos sistematicamente um tempo para eles e os colocamos na nossa agenda. Alguns eventos são hábitos simples, como escovar

VOCÊ É O DONO DA SUA VIDA! 33

os dentes, tomar vitaminas e nos despedir de nossos filhos antes de sair para o trabalho... São coisas que fazemos sem precisar de agendamento.

> Não precisamos colocar nossos hábitos na agenda se forem bons hábitos e se os fizermos sem a necessidade de lembretes.

Algumas coisas nós queremos fazer ou sabemos que *deveríamos* fazer – como nos exercitar ou ler para os filhos antes de dormir –, mas não reservamos tempo suficiente para elas.

Meu conselho é: comece hoje mesmo a marcar esses eventos na sua agenda, do mesmo modo como você marca uma consulta com o médico ou uma reunião de trabalho. Sim, faça isso hoje! Agende as prioridades da sua vida. Para você ter uma ideia, cheguei a usar minha agenda para me lembrar de tomar mais água e ligar para a minha mãe todo domingo. Não precisei mais agendar esses eventos quando tomar água se transformou em um hábito natural e as ligações dominicais foram incorporadas à minha rotina.

Outra categoria de eventos são aqueles incidentes que não temos como prever e que requerem alguma ação. Mais adiante neste livro, mostrarei como reservar tempo para os eventos inesperados e como resolvê-los.

Agora vamos dar uma olhada na primeira palavra do termo "gerenciamento de tempo". Gerenciar é o ato de controlar. Quando gerenciamos o tempo, estamos meramente tentando manter sob controle tudo o que precisa ser gerenciado.

Se você administra um restaurante, por exemplo, sua principal responsabilidade é manter o restaurante sob controle. Isso significa que, quando os clientes chegam, o estacionamento deve estar limpo, o ambiente deve ser atraente, os funcionários devem recebê-los com polidez e conduzi-los prontamente às mesas e os garçons devem atendê-los sem demora e dominar o cardápio e a carta de vinhos. A comida deve ser servida rapidamente, ter uma excelente aparência e ser deliciosa. O restaurante todo deve estar limpo, a iluminação e a música não devem ser invasivas e tudo precisa ser mantido em boas condições de funcionamento. As normas operacionais devem ser seguidas e o restaurante precisa servir comida segura e saudável. Os funcionários devem receber um excelente treinamento, ter acesso a programas de desenvolvimento e liderança, sentir-se engajados no trabalho, valorizados e respeitados. Quando os clientes estiverem prontos para pagar, a conta não deve demorar, e, quando eles saírem do restaurante, os funcionários devem se despedir com cordialidade. Se os clientes receberem tudo isso, não verão a hora de voltar para repetir a experiência.

O restaurante que acabei de descrever está sob controle. No entanto, como qualquer pessoa que já administrou um empreendimento de sucesso em qualquer ramo

VOCÊ É O DONO DA SUA VIDA!   35

pode lhe dizer, esse nível de excelência só pode ser atingido se todos os elementos da organização, desde as despesas até a motivação dos funcionários, forem controlados por líderes bem organizados por meio da implementação diligente de checklists, excelentes programas de treinamento e monitoramento implacável.

O gerenciamento da nossa vida requer o mesmo nível de diligência. Todos nós já vimos o que acontece quando as coisas saem do controle, seja uma desastrosa apresentação teatral, uma situação de desordem burocrática em uma grande organização, uma lavanderia que perde as camisas dos clientes, uma reunião na qual todo mundo discute mas ninguém toma uma decisão, ou pais incapazes de controlar os filhos na hora de saírem de casa, levando-os a chegar ao jogo com uma hora de atraso. Quando alguma coisa sai de controle, a raiz do problema sempre pode ser encontrada na liderança/gestão, não importa se o líder for o presidente da empresa, um técnico esportivo, um microempresário ou um pai. E, quando se trata da sua vida pessoal, o líder é você. Não seja um líder descontrolado!

Agora que definimos os dois termos, "tempo" e "gerenciamento", a pergunta é: qual é a definição de "gerenciamento de tempo"? É simples:

> "Gerenciamento de tempo" é o ato de controlar os eventos de sua vida.

CONTROLANDO O INCONTROLÁVEL

Muita gente rejeitaria essa definição por acreditar que não é possível controlar os eventos da nossa vida, já que muitos acontecimentos que enfrentamos no dia a dia são inesperados e surgem aparentemente do nada. Embora isso seja, até certo ponto, verdade, gerenciar o inesperado é muito mais possível do que você imagina.

Veja a seguir algumas dicas práticas para atingir um alto nível de controle:

1. CERQUE-SE DE EXCELENTES COLABORADORES

Algumas pessoas sabem lidar com o inesperado melhor do que outras. Assim, se você administra uma organização ou lidera uma equipe, faça questão de contratar e promover pessoas que se destaquem. Essa é uma das responsabilidades mais importantes de um líder/gestor.

COMO ATINGIR UM ALTO NÍVEL DE CONTROLE:

---

1. Cerque-se de excelentes colaboradores.

2. Treine e instrua seu pessoal.

3. Seja claro em relação a suas expectativas.

4. Preveja os acontecimentos e pratique.

5. Deixe um tempo livre na sua agenda.

6. Faça agora!

Contrate pessoas talentosas, apaixonadas pelo que fazem e com uma atitude do tipo "nada é impossível". Você ficaria chocado se soubesse quantas organizações obtêm resultados decepcionantes simplesmente porque contrataram as pessoas erradas e ainda pioram a situação deixando de tomar uma atitude quando essas pessoas não conseguem apresentar um bom desempenho.

Na Disney, não tínhamos tempo para gerenciar 40 mil colaboradores de desempenho insatisfatório e nunca contratávamos motivados apenas por nossos instintos, porque nossos clientes – que chamávamos de "convidados" – mereciam ter uma experiência encantadora a cada momento de sua visita. Para garantir a excelência operacional, tivemos de desenvolver um processo sistemático de contratação. Você também precisa de um processo como esse. Então, economize seu tempo e visite o site www. HireAuthority.com. Nele, minha sócia Carol Quinn e eu descrevemos as melhores práticas para entrevistar candidatos e outras habilidades necessárias para contratar os melhores colaboradores possíveis. O site provavelmente abrirá seus olhos para muitas coisas.

Esse tema também é desenvolvido em detalhes na regra número 9 do meu livro *A magia do atendimento*.

2. TREINE E INSTRUA SEU PESSOAL

Depois de contratar excelentes colaboradores, não deixe de treiná-los e instruí-los sobre todos os aspectos de suas operações, inclusive seus valores, sua filosofia, suas prioridades e sua missão. Desse modo, quando se virem diante de algum problema, eles encontrarão a solução certa mesmo se você não estiver fisicamente presente. Até excelentes colaboradores tomam decisões equivocadas se não forem bem treinados e, desse modo, não têm como desenvolver as habilidades e o know-how adequados. E não se esqueça dos aspectos cruciais do treinamento: *testes* para garantir que o treinamento foi internalizado e *reforço* para assegurar a sistematização, a capacidade de execução dos planos e a responsabilidade.

3. Seja claro em relação a suas expectativas — para si mesmo e para os outros

Da mesma forma como os pais devem dizer aos filhos exatamente o que esperam deles, os líderes precisam comunicar suas expectativas com absoluta clareza. Quando você não é 100% claro com seus filhos, com sua equipe ou com seus funcionários, pode acabar decepcionado com mais frequência do que gostaria. Mas, se você for absolutamente claro, eles sempre vão saber o que você espera deles, não importa quais choques e surpresas o futuro lhes reservar.

Não seja indeciso. Não deixe espaço para dúvida. Não crie uma situação na qual as pessoas possam dizer "Não entendi o que você quis dizer", "Eu não sabia para quando você ia precisar disso" ou "Pensei que você tivesse sugerido outra coisa".

4. Preveja os acontecimentos e pratique

Pense em tudo o que pode acontecer e pratique maneiras de lidar com as diferentes situações. Ao imaginar de antemão todos os cenários possíveis, você pode planejar o que fará caso isso ou aquilo aconteça. Você também pode implementar procedimentos para reduzir as chances de ocorrência dos piores cenários.

Por exemplo, na Disney, nós sabíamos que furacões frequentemente varrem a região central da Flórida, então nós nos planejávamos para essa possibilidade. Estávamos sempre preparados para tudo. Treinávamos todos os funcionários e estocávamos todos os mantimentos necessários. Ninguém pode impedir a chegada de um furacão, mas sempre podemos nos preparar para minimizar os danos e as mortes.

De forma similar, minha esposa, Priscilla, e eu nos adiantamos à possibilidade de um tornado passar por nossa casa. Entre outras coisas, combinamos em qual cômodo nos abrigaríamos se só tivéssemos 20 segundos para chegar a um lugar seguro. Sabíamos que o caos provocado por um tornado não era exatamente o melhor momento para fazer uma reunião a fim de decidir o cômodo da casa que usaríamos.

Também vale muito a pena discutir de antemão com a família sobre o que fazer em caso de incêndio. Outro bom exemplo é ensinar seus filhos a nadar e instalar uma cerca de segurança na piscina. E, à medida que eles crescem, vocês podem pensar de antemão sobre o que farão em situações difíceis, envolvendo, por exemplo, drogas e sexo. Uma excelente maneira de se adiantar aos acontecimentos é fazer um curso de primeiros socorros. Ou dirigir mantendo uma distância segura do veículo da frente e se planejar financeiramente para a educação continuada e a aposentadoria.

Se você tiver um papel de liderança no trabalho, pode se adiantar a todas as possíveis necessidades e demandas de seus futuros clientes. Assim, você pode preparar soluções para todas as eventualidades, incluindo programas de treinamento e diretrizes operacionais para os funcionários. Desse modo, não receberá reclamações sobre atrasos na abertura das lojas, banheiros sujos ou funcionários que ficam brincando no celular em vez de se concentrarem no atendimento.

Costumo comparar o desempenho nos negócios a montar uma peça de teatro. Se você quer estar preparado quando a cortina subir, precisa escrever um roteiro para todas as funções e todas as eventualidades e se certificar de que seu elenco ensaie meticulosamente os papéis. Dessa forma, você será capaz de controlar o incontrolável. Você encontrará excelentes conselhos sobre isso nas regras número 10 e número 12 do meu livro *A magia do atendimento*.

5. Deixe um tempo livre na sua agenda

Talvez a coisa mais importante de que você precisará quando um imprevisto surgir seja o próprio tema deste livro: tempo. Já deu para notar que acredito fervorosamente no agendamento de todos os eventos importantes da sua vida. Mas também é importante não comprometer todos os minutos do seu dia, ou você não terá flexibilidade para reagir ao imponderável. É por isso que sempre tomei o cuidado de deixar um tempo livre na minha agenda todos os dias. Essas lacunas me dão espaço para agir com mais liberdade diante do inesperado, quer se trate de uma crise, quer seja uma oportunidade. E, se nenhum imprevisto surgir, não faltam tarefas na minha lista que poderiam ser feitas nesse tempo livre.

6. FAÇA AGORA!

Como você verá, é fundamental ter um sistema de planejamento. No entanto, devo acrescentar o seguinte: muitas coisas precisam ser feitas mesmo que não estejam incluídas na sua agenda. Às vezes, você se depara com uma decisão ou um problema que não teve como prever e precisa fazer algo a respeito, querendo ou não. Pensando nisso, gostaria de apresentar uma técnica mental simples que aprendi 35 anos atrás e adotei como um hábito. A técnica se chama "FAÇA AGORA". Quando sei que tenho alguma coisa que preciso fazer, sobretudo se não estiver muito a fim, eu só me lembro da frase: "FAÇA AGORA". E eu faço. Agora!

Falando em fazer as coisas *agora*, uma que você precisa fazer imediatamente antes de passar para o Capítulo 2 é refletir sobre como passa seu tempo, como deveria passar seu tempo e onde deveria parar de gastar seu tempo. Você descobrirá que utilizará muito bem seu tempo se sair para uma caminhada ou ficar sentado em um lugar tranquilo ponderando sobre as questões a seguir:

RESPONDA A ESTAS PERGUNTAS:

- Pense em todas as coisas nas quais você gasta seu tempo. Você está tirando máximo proveito delas?

- O modo como você costuma passar seu tempo vai ajudá-lo a atingir suas metas e realizar seus sonhos? (Não esqueça: a diferença entre sonhos e pesadelos depende unicamente de você!)

- De todas as suas responsabilidades, quais requerem ação imediata?

- O que você deveria começar a fazer agora, mas que só renderá frutos daqui a 1, 5, 10, 20 ou até 40 anos?

- O que você fez ontem que precisaria refazer e melhorar?

2

VOCÊ É O DONO DO SEU TEMPO... E DA SUA VIDA!

"Você ama a vida? Então não desperdice tempo, porque é de tempo que a vida é feita."

BENJAMIN FRANKLIN

Agora que começou a pensar em como aloca seu tempo, você está a caminho de um aprendizado que promete aumentar sua satisfação pessoal e sua felicidade em geral. Neste capítulo, entraremos em alguns detalhes práticos sobre como organizar sua vida de maneira mais sistemática. É importante estabelecer uma rotina. É por isso que diretrizes operacionais, checklists, sistemas, políticas e procedimentos costumam ser consultados com frequência e utilizados de maneira consistente em qualquer organização de sucesso. A Marriott e a Disney são dois excelentes exemplos disso. Quando você se organiza, você utiliza e consulta com frequência diretrizes operacionais, checklists, sistemas, políticas e procedimentos? Lembre que não se pode ter uma organização de sucesso acossada pela desorganização e por um desempenho inconstante.

Agora, presumindo que você e sua organização tenham esses elementos cruciais, você pode aumentar ainda mais a produtividade e a eficiência implementando um sistema para planejar seu dia, o que vai ajudá-lo a fazer as coisas certas no momento certo. É isso que você está prestes a aprender. Garanto que vai valer muito a pena reservar um tempo para isso... E o tema deste livro é justamente o seu tempo.

Esse sistema é perfeito? Não, não é. No entanto, é o melhor que existe, e ao adotá-lo você estará à frente da maioria das pessoas deste planeta. A grande maioria das pessoas não faz ideia do que deveria estar fazendo e pouquíssima gente usa um sistema para realizar as tarefas importantes. *Saber o que fazer e de fato fazê-lo são duas coisas diferentes.* Pode parecer óbvio, mas você se surpreenderia se soubesse quantas pessoas vivem sem seguir esse princípio. Elas sabem o que deveriam estar fazendo, mas não têm um sistema, um conjunto de hábitos, uma rotina sólida para fazer essas coisas... sobretudo coisas que só rendem frutos no futuro, às vezes um futuro distante. Muita gente se limita a cruzar os braços e esperar pelo melhor, rezando para que tudo dê certo. Porém, todo mundo sabe que a maioria dos desejos não se realiza, que muitas esperanças não se materializam e que muitas preces ficam sem resposta. Precisamos de uma combinação de bom planejamento e ação efetiva. Sugiro que você anote seus três maiores desejos, suas principais esperanças e todas as coisas pelas quais você reza e espera que aconteçam. Feito isso, veja se tem como aplicar o sistema que está prestes a aprender e transformar todos esses desejos, esperanças e preces em realidade.

Você reluta em sistematizar seu gerenciamento de tempo? Você precisa ser convencido a aprender as regras de um sistema? Pense no seguinte: como você se sente no fim do dia quando tinha dez coisas para fazer e não fez nenhuma ou só deu conta de algumas? Não é uma sensação muito boa, não é mesmo? E como você se sente se continua deixando de fazer as coisas importantes dia após dia e semana após semana? Não, não é uma pegadinha. A resposta é simples. Você fica deprimido, angustiado e se sentindo simplesmente terrível. Experimentos na área médica revelam que esses sentimentos fazem muito mal à saúde.

Agora tente responder à seguinte pergunta: como você se sente no fim do dia quando teve muitas coisas para fazer e conseguiu dar conta de *tudo*? Pode ficar tranquilo, essa pergunta também não é uma pegadinha. A sensação é muito boa, não é? Você fica feliz. Você se sente confiante. E, talvez o mais importante, você se sente pronto e capaz de enfrentar mais desafios.

TER UM SISTEMA É ESSENCIAL

Você já deve ter participado de uma reunião na qual um gerente diz algo como: "Preciso de um voluntário para assumir esse projeto, que vai tomar mais ou menos um dia por semana nos próximos meses. Algum interessado?". Geralmente, um silêncio profundo recai sobre a sala e todo mundo olha para baixo, na esperança de não ser notado.

Quase dá para ouvir os funcionários rezando para não ter de assumir a tarefa. É por isso que as pessoas, como os estudantes, em geral evitam sentar na primeira fila, para não serem vistas pelo chefe (ou pelo professor).

De repente, alguém levanta a mão e diz: "Pode deixar comigo. Eu dou conta desse projeto". E quem é que se oferece para o trabalho? Na maioria das vezes, é uma das pessoas mais ocupadas da sala. E vou lhe contar mais uma coisa sobre as pessoas que costumam levantar a mão nesses casos: elas não só já estão extremamente ocupadas como geralmente não duram muito mais tempo na equipe. Por quê? Porque elas serão promovidas ou contratadas por outra empresa que enxerga seu talento. Essa pessoa deveria ser *você*.

O que acabei de descrever acontece não só em empresas como também em bairros, locais de prática religiosa, grupos de voluntariado, organizações sem fins lucrativos e qualquer outro contexto no qual as pessoas se reúnem para atingir objetivos. Algumas poucas pessoas ocupadas levantam a mão e assumem ainda mais responsabilidades, enquanto todo o resto fica se perguntando como elas conseguem dar conta de tudo. Vou contar como elas conseguem. Elas têm um sistema. Elas podem ou não saber disso, mas têm um estilo *sistemático* de trabalho. E sabem que podem encaixar qualquer coisa nele. Essas pessoas nunca inventam desculpas como "Estou ocupado demais", "Não tenho tempo" ou "A gente não tem como fazer isso porque acabou a verba".

Ter um sistema é o xis da questão. Como os líderes da Southwest Airlines disseram: "Tem um jeito melhor de pousar um avião. Vamos fazer desse jeito".

E então? Já se convenceu?

Permita-me acrescentar mais uma vantagem de usar um sistema de organização. Pense nisso como um enorme benefício adicional. Quando você começa a fazer cada vez mais, as recompensas não são só materiais, mas também mentais e emocionais. Você começa a perceber que é capaz de realizar qualquer coisa. Sua autoconfiança e autoestima sobem às alturas, o que o leva diretamente a níveis cada vez mais altos de desempenho e satisfação. Você entra em um ciclo virtuoso, já que, quanto mais sua autoestima e autoconfiança são reforçadas, melhor é seu desempenho e mais você é capaz de realizar... Isso, por sua vez, reforça ainda mais sua confiança e sua autoestima.

NO CONTROLE DA SITUAÇÃO

A questão do que podemos ou não controlar constitui uma parte importante do gerenciamento de tempo. Veja um breve resumo do assunto.

Há eventos que podemos controlar e outros que não podemos. Não temos como controlar coisas como o tempo, as guerras ou a economia. Quando estivermos diante do incontrolável, precisamos aprender a nos adaptar às novas condições.

Outros eventos da vida são inevitáveis, mas podemos ter certo grau de controle sobre eles se nos preparamos. Como mencionei anteriormente, podemos fazer isso nos cercando de excelentes colaboradores, prevendo diferentes cenários, treinando e praticando para todas as eventualidades, cuidando da nossa saúde física e mental e assim por diante.

Também podemos nos deparar com eventos que temos como controlar, mas que optamos por não controlar.

Exemplos desses tipos de situação incluem nossa saúde, nosso peso, nossa capacidade de aprender coisas novas, nossos fundos de aposentadoria, nossas amizades e relacionamentos íntimos, só para mencionar alguns. Outra categoria envolve coisas que achamos que podemos controlar, mas que na verdade não podemos. Um bom exemplo disso é tentar mudar alguém. Como muitas pessoas casadas podem confirmar, costuma ser inútil tentar transformar os pontos fracos do outro em pontos fortes ou tentar transformar um introvertido em um extrovertido. Na primeira metade do meu casamento, tentei convencer Priscilla a ser mais parecida comigo. Eu queria que ela usasse uma agenda diária, como eu. Ela dizia que não precisava disso. Quando ela queria fazer alguma coisa, simplesmente incluía a tarefa na *minha* agenda. Eu queria que o guarda-roupa dela fosse organizado como o meu. Ela me disse para não chegar perto do guarda-roupa dela. Demorou um pouco, mas finalmente aprendi o óbvio: ela é a Priscilla e eu sou o Lee, e a única pessoa que eu tenho como controlar é o Lee. Isso me fez aprender uma lição importantíssima: quando mudei o Lee, eis que, para minha surpresa, a Priscilla ficou ainda melhor.

Por fim, há alguns eventos que achamos que podemos controlar e de fato podemos. Isso acontece quando tomamos as rédeas de nossa vida e assumimos o controle de nossos investimentos financeiros, nossos relacionamentos, nossa saúde e assim por diante, incluindo *nosso tempo*.

Então, pare de desperdiçar seu tempo e se frustrar por nada. Deixe de lado as coisas que você não tem como controlar e encontre o que você de fato tem como controlar. Concentre-se só nessas coisas e obterá grandes resultados.

FAZENDO MALABARISMOS

Um bom sistema de gerenciamento de tempo nos ajuda a equilibrar mais a vida.

As pessoas erguem barreiras artificiais entre a vida profissional e a pessoal, mas a verdade é que, se você estiver com problemas no trabalho, também terá problemas em casa; se estiver com problemas em casa, também terá problemas no trabalho. Meu conselho é pensar todos os dias na sua vida *como um todo*.

Uma boa maneira de começar é fazendo uma lista de todas as suas áreas de responsabilidade, incluindo todos os diferentes âmbitos de sua vida: você é o marido ou a esposa de alguém; o pai ou mãe de seus filhos; um filho para seus pais; o gestor de seus funcionários ou subordinados diretos; o funcionário de sua empresa ou o dono de seu próprio negócio; o integrante de uma comunidade religiosa; o morador de um bairro, de uma cidade, de um estado, de uma nação e de um planeta; e a pessoa responsável pela própria saúde, pelo próprio plano de aposentadoria e de aprendizagem continuada e assim

52   A MAGIA DO GERENCIAMENTO DO TEMPO

por diante. Todos esses papéis e responsabilidades, que estão sempre mudando ao longo da vida, devem ser incluídos no seu plano de gerenciamento de tempo.

> "Fracassar em planejar é como planejar um fracasso."

Essa frase foi atribuída a muita gente, mas, seja quem for que a tenha dito, sem dúvida foi uma pessoa muito sábia. Um dos primeiros aspectos de um bom sistema de gerenciamento de tempo, e talvez o mais importante, envolve alocar tempo para planejar *todo dia, sem exceção*. Planeje todos os dias com a mesma diligência que você usa para planejar suas férias. Você jamais acordaria um dia e sairia em uma viagem de férias sem ter planejado seu destino e o que gostaria de conhecer e fazer. Pensando assim, por que alguém começaria o dia sem nenhum planejamento? É algo como um GPS ou um mapa. Se não tiver GPS ou mapa, você não chega ao destino desejado. Pior ainda, se não tiver um plano, você pode nem saber para onde quer ir.

A ideia é simplesmente reservar algo entre alguns minutos e meia hora todos os dias para pensar no que precisa ser feito. Não só em relação ao dia de hoje, mas à semana, ao mês e, se você se revelar um bom planejador, a este ano e aos anos seguintes. Estou falando de levar o planejamento a sério: pegar sua agenda e um lápis e anotar na lista de afazeres todas as coisas que você precisa fazer à medida que vai se lembrando delas. Algumas tarefas podem se adequar à lista de hoje, outras podem se encaixar melhor na de amanhã, outras ficam na lista do mês seguinte ou mais adiante. A questão é que você precisa de uma maneira sistemática de anotar as coisas em um local apropriado à medida que vai se lembrando delas. Fazer uma lista de tarefas aumenta muito suas chances de efetivamente realizá-las.

Você só precisa encontrar um lugar tranquilo de manhã ou na noite do dia anterior para anotar suas ideias e planos em sua lista de afazeres, que pode ser uma agenda de papel, um computador ou um smartphone. Às vezes, quando volto de férias, preciso de uma hora ou mais para planejar os próximos dias e semanas.

Veja sugestões de coisas sobre as quais você vai querer ponderar ao montar seu plano.

REFLITA SOBRE AS ÁREAS A SEGUIR AO FAZER SEU PLANEJAMENTO:

- responsabilidades no trabalho;

- responsabilidades em casa/na vida pessoal;

- responsabilidades familiares;

- responsabilidades no local de prática religiosa;

- responsabilidades na comunidade;

- responsabilidades financeiras (investimentos, planejamento da aposentadoria etc.);

- responsabilidades sociais (entretenimento, relacionamentos, atividades sociais);
- compromissos com outras pessoas;
- comunicação (correspondência, reuniões, coaching, aconselhamento, aniversários etc.);
- desenvolvimento pessoal (leituras, cursos, aperfeiçoamento, novas experiências, aprendizado contínuo, www.Thrive15.com).

Sem dúvida há muitas outras categorias a ser consideradas, mas essa lista já rende um bom começo. Quando você aloca entre 5 e 30 minutos por dia para planejar sistematicamente sua vida nessas áreas, fica bem difícil se desviar do rumo desejado.

O valor do investimento desse tempo é simplesmente inestimável. Mesmo assim, muitas pessoas resistem a fazer isso. E adivinhe qual é a maior desculpa que as pessoas me dão para não reservar um tempo para o planejamento todos os dias? Isso mesmo: "Não tenho tempo para isso". Elas não têm tempo para poupar tempo! Não têm tempo para usar melhor o tempo! É como dizer que você precisa de dinheiro, mas não tem tempo para ir ao banco fazer um saque. Ou como dizer que você quer chegar a algum lugar, mas não tem tempo para parar e pesquisar o caminho. E o que acaba acontecendo é que você perde tempo dirigindo em círculos. E qual é o custo de chegar atrasado... ou mesmo nunca chegar?

Quero aproveitar este momento para reiterar alguns fatos da vida. Quando pensa com clareza e planeja suas ações com antecedência, você acaba poupando muito tempo. Além disso, você se ocupa das coisas certas na ordem certa. Aprendi essa lição a duras penas. Eu costumava ir ao trabalho e procurar alguma coisa fácil de fazer. Só depois aprendi que era melhor fazer as coisas na ordem de prioridade na qual precisavam ser feitas. A consequência é que minha vida pessoal e minha carreira melhoraram radicalmente. Mas você não precisa acreditar em mim. Tente aplicar o método e veja os resultados com os próprios olhos.

PRIORIDADES, PRIORIDADES, PRIORIDADES

Há três níveis de prioridade:

- urgentes;
- vitais;
- importantes.

Naturalmente, também existem prioridades de pouco valor, mas você não vai precisar lidar com elas, já que as três primeiras serão mais do que suficientes para mantê-lo ocupado.

Outra desculpa que costumo ouvir de pessoas que resistem a organizar sistematicamente o tempo é: "Fico ocupado demais apagando incêndios. Não tenho tempo para parar e planejar". Quando ouço isso, penso: "Onde estão as prioridades dessas pessoas? Como elas acham que os incêndios começaram?". Os incêndios estão lá em grande parte porque elas não se planejaram!

Pense no planejamento como se fosse uma prevenção contra incêndios. Não seria melhor evitar os incêndios em vez de correr de um lado para o outro a fim de apagar o fogo? É como alocar tempo para se exercitar. Você investe tempo para se sentir melhor e manter a saúde, e o resultado é que acaba poupando tempo e diminuindo o custo de tratar doenças graves.

Uma desculpa que também ouço muito é: "Planejar meus dias restringe minha liberdade". Novamente, repito: pense nas prioridades! É bem verdade que o planejamento restringe sua liberdade... sua liberdade de desperdiçar tempo. Se você não quer fazer nada, planeje não fazer nada. Você definitivamente tem essa opção. Em algumas situações, não fazer nada pode ser nossa maior prioridade. Não raro, aos sábados ou domingos, não tenho um único item programado na minha agenda porque decidi que só vou relaxar.

Se você não acha uma boa ideia reservar um tempo para o planejamento, pense em situações de vida ou morte, como uma guerra. Tendo trabalhado com oficiais de alta patente das Forças Armadas norte-americanas, posso garantir que todos eles concordam em uma coisa: quanto melhor o planejamento, menos tempo a guerra dura. O mesmo se aplica a todos os projetos, grandes ou pequenos. Reserve um tempo para, por exemplo, planejar suas férias com bastante antecedência e você conseguirá passagens e hotéis a preços melhores, além de evitar todo tipo de chateações que possam arruinar suas férias.

PRÓXIMAS ATRAÇÕES

Nas páginas a seguir, vamos dar uma olhada em uma agenda de *Planejamento Mensal* (usarei o exemplo da minha agenda Day-Timer®). Você pode usar essa agenda para registrar eventos e compromissos, planejar seu trabalho na seção "Para fazer hoje" (onde deve incluir metas profissionais e pessoais), anotar mensagens e números de telefone para retornar ligações e escrever observações e reflexões pessoais na seção "Diário", a ser usada para acompanhamento no futuro.

Também vamos dar uma olhada na seção *Planejamento Antecipado* e ver como usá-la para planejar atividades de prazo mais longo, como férias e check-ups, para que você possa, a qualquer momento, rever sua programação no futuro. E vamos analisar rapidamente a *Agenda de Contatos*, que você pode usar como uma extensão de sua agenda de contatos no smartphone.

Se você implementar esse sistema, todas as áreas de sua vida acabarão se beneficiando. Sim, o sistema requer autodisciplina e comprometimento, como todas as coisas que valem a pena na breve vida que levamos neste planeta. Não é fácil mudar um hábito, mas as coisas difíceis passam a ser fáceis se você pratica dia após dia. Tive dificuldade de aprender a andar de bicicleta. Também não foi fácil aprender a falar em público. Foi difícil aprender a escrever livros. Se você quiser muito atingir alguma meta e se concentrar nela, não vai demorar muito para transformar um mau hábito em um bom hábito. Você vai conseguir! E o retorno sobre seu investimento será enorme.

3

COMO USAR SUA AGENDA

"Enquanto não se valorizar, você
não dará valor a seu tempo.
Enquanto não der valor a seu
tempo, não fará nada com ele."

M. Scott Peck

Vamos ver agora como utilizar uma agenda para planejar sua vida dia após dia. Faz 35 anos que uso o sistema da Day-Timer®, que ainda considero absolutamente indispensável. Posso levar a agenda no meu bolso aonde quer que eu vá. Eu a uso tanto que Priscilla reclama que eu ando mais de mãos dadas com minha agenda e com meu celular do que com ela. Às vezes chamo minha agenda de meu segundo cérebro. Mas, ao contrário do cérebro que tenho na cabeça, minha agenda se lembra de tudo o que coloco nela.

O sistema de planejamento de tempo que eu utilizo é composto de três partes:

1. Planejamento Antecipado (18 meses);
2. Planejamento Mensal (dia a dia);
3. Agenda de Contatos.

Nas páginas 64 e 65, você verá um exemplo do Planejamento Antecipado da Day-Timer®, e nas páginas 68 e 69 encontrará um modelo do Planejamento Mensal. Consulte os exemplos à medida que for aprendendo a usar o sistema.

Você verá que o *Planejamento Antecipado* é usado para agendar eventos tanto da vida profissional quanto da vida pessoal, como pegar alguém no aeroporto, fazer o check-up médico anual, uma reunião de trabalho, um jantar com um cliente ou amigo etc. Essa seção deve incluir 18 meses, de modo que você possa marcar em questão de segundos um evento ou compromisso para daqui a até um ano e meio. Além disso, a agenda pode ter um espaço reservado nas últimas páginas para a marcação de compromissos para até *cinco anos* no futuro. São muitos recursos para uma agendinha que, ainda por cima, nunca vai ficar sem bateria quando você precisar dela.

Por exemplo, quando eu quis planejar uma viagem a Hong Kong para visitar nossos queridos amigos Don e Suzy Robinson, usei minha agenda com sete meses de antecedência para marcar as datas de partida e retorno. O planejamento antecipado me possibilitou usar minhas milhas do programa de fidelidade para tirar duas passagens de graça. Muitas pessoas reclamam que acham difícil usar as milhas, mas eu não tenho nenhuma dificuldade com isso, simplesmente porque planejo com antecedência. Eu até tive a chance de escolher os assentos, já que fiz a primeiríssima reserva naquele voo. Assim, Priscilla e eu pudemos nos dar ao luxo de esticar as pernas nos assentos próximos à saída de emergência, uma enorme vantagem em uma longa viagem como aquela.

Vejamos outro exemplo. Quando fiz meu check-up médico anual em 2010, meu médico disse que eu deveria repetir a colonoscopia em cinco anos. Fui direto ao ano de 2015 e anotei o próximo exame na minha agenda antecipada. Exames como esse são importantíssimos para mim e os considero uma questão de vida ou morte. Sei que, se eu me esquecesse de fazer o exame ou atrasasse um ano e descobrisse que morreria de câncer porque o

DOMINGO	SEGUNDA	TERÇA	QUARTA
	6h15: Escritório 9-11h: SC 12h: Dieter 14h: Jane 17h15: Academia	6h15: PTT 8h: Erin/Karl 15h: 80 17h15: A	6h15: PTT 8-8h15: John Rogers 9h: James R. 15h: DT Disney 17h15: A
	1	**2**	**3**
8h: Tempo livre 16h: A	6h15: PTT 9-11h: SC 12h: Café c/ Grace 17h15: Academia	6h15: PTT 8h: Karl/Erin 10h: MK Wheel 12h: Visita MGM 17h15: A	6h15: PTT 10h: Roger 12h: George 15h30: Bud 17h15: A
7	**8**	**9**	**10**
   16h: A 	6h15: PTT 9-11h: SC 12-15h: VPOC 17h15: Academia	6h15: PTT 8h: Karl/Erin 12-14h: EMMIC? 17h15: A	6h15: PTT 9h: Sue Mason 14h: Escola Margot 17h15: A
14	**15**	**16**	**17**
   8-12h: Magic Kingdom c/ crianças	6h15: PTT 8-9h: Escrever palestra 10h: John J. 12h: Bill 15h: Dieter 17h: Academia	6h15: PTT 8h: Karl/Erin 10h: Visita MK 17h: A	6h15: PTT 10h: Call Center Kevin 17h: A
21	**22**	**23**	**24**
Dallas ↓ 19h: Jantar	Feriado – Dallas ↓ 15h: AA1257 p/ Orlando. Assentos 21 C-D	6h15: PTT 8h: Karl/Erin 10h: Reunião RH 13h: Sam 15h: Bill S.	8h15: PTT 12h: Al 14h: Reunião c/ financeiro 15h: Jim K.
28	**29**	**30**	**31**

				Abril			
	D	**S**	**T**	**Q**	**Q**	**S**	**S**
							1
	2	3	4	5	6	7	8
	9	10	11	12	13	14	15
	16	17	18	19	20	21	22
	23	24	25	26	27	28	29
	30						

Adaptado do modelo em inglês da Day-Timer® © 2014, ACCO Brands Direct.
Day-Timer® é uma marca registrada da ACCO Brands Direct. Todos os direitos reservados.

QUINTA	SEXTA	SÁBADO	
6h15: PTT	6h15: PTT		
	10–12h: Vista Way	10h: Supermercado	
		16h: Academia	**MAIO**
17h15: A	17h15: A	19h: Jantar Jake	
4	**5**	**6**	
6h15: PTT	6h15: PTT		**OBSERVAÇÕES**
10h: Visita Epcot	8h: Reunião executiva		
15h: Richie			
16h: John	16h: A	16h: Academia	
17h15: A	18h30: Jantar UW	19h: Cinema	
11	**12**	**13**	
6h15: PTT	6h15: PTT		
8h: Karl/Erin	10h: Academia		
10h: Animal Kingdom			
12h: Al	12h30–16h30: Ger. tempo	12h: Galeria de arte	
13h: Check-up			
16h: Aval. Mary			
17h15: Academia	17h: Praia	17h: Academia	
19h30: James **18**	Jantar **19**	Cuidar das crianças **20**	
6h15: PTT	Folga: Dallas	Dallas	
		↓	
12h: Academia	12h: Almoço	12h: Jerry/Barbara	
16h: Mary Pop	16h: Academia	17h: Nancy/Waldo	
18h: AA1247 p/ Dallas	18h30: Jantar na Mary		
Assentos 12 A–B **25**	**26**	19h: Jantar **27**	

Junho

D	S	T	Q	Q	S	S
				1	2	3
4	5	6	7	8	9	10
11	12	13	14	15	16	17
18	19	20	21	22	23	24
25	26	27	28	29	30	

COMO USAR SUA AGENDA

problema não fora diagnosticado a tempo, eu me arrependeria de não ter usado um sistema de planejamento melhor. Muitas pessoas de fato se deparam com um cenário terrível como esse.

Problemas dentários não são fatais, mas uso a mesma técnica para me lembrar de meus retornos ao dentista. Por exemplo, acabei de ir ao dentista e, assim que saí do consultório, anotei a data e a hora da próxima consulta no meu Planejamento Antecipado, com seis meses de antecedência. Também marquei o compromisso no meu smartphone para garantir que não vou me esquecer dele nem marcar a consulta em duplicidade. Com isso, eu não preciso desperdiçar energia pensando na próxima consulta ao dentista nem preciso perder tempo agendando o compromisso mais tarde. Esse é um bom exemplo de "Faça agora".

Agora vamos dar uma olhada no *Planejamento Mensal*, que inclui várias seções. (Veja um exemplo nas páginas 68 e 69.) A primeira seção, na parte superior esquerda, é reservada a "Compromissos e eventos programados", que seria uma imagem espelhada do Planejamento Antecipado. O exemplo é do dia 18 de maio. Se você der uma olhada nos eventos marcados nesse dia no Planejamento Mensal e no Planejamento Antecipado, verá que eles são iguais. A descrição no Planejamento Antecipado pode ser um pouco diferente, mas apenas porque o espaço para escrever é menor. *Você logo vai se acostumar com as abreviaturas quando começar a usar o sistema.*

66 A MAGIA DO GERENCIAMENTO DO TEMPO

Como você pode ver no exemplo das páginas 64 e 65, usei a letra "A" para me referir a exercícios físicos na "Academia". Também costumo usar abreviaturas como "P" para Priscilla, "M" para Marsha, minha secretária, e "PTT" para me referir a atividades de "planejamento do tempo no trabalho". Além disso, o Planejamento Antecipado inclui a seção "Observações". Nesse espaço, você pode incluir lembretes, de modo que, quando o mês chegar, suas observações estarão esperando por você para lembrá-lo do que precisa ser feito. Pode ser interessante incluir datas que você quer lembrar (como aniversários), agendar seu check-up médico anual ou... bem, praticamente qualquer outra coisa.

A seção "Para fazer hoje" do Planejamento Mensal deve ser utilizada quando você estiver planejando seu tempo todo dia de manhã. Na verdade, a expressão "Para fazer hoje" pode ser um pouco enganosa, já que você não precisa necessariamente se ocupar dessas tarefas nesse dia específico. Na verdade, a ideia é que você tem a *intenção* de começar a tarefa hoje. Naturalmente, algumas tarefas não levam muito tempo e podem ser concluídas no mesmo dia, enquanto outras podem levar semanas ou meses para ser finalizadas.

A terceira seção do Planejamento Mensal é intitulada "Relatório de reembolsos e despesas" e fica na parte inferior esquerda. Na verdade, eu não uso essa seção para anotar as despesas, mas sim para marcar todos os telefonemas que preciso fazer, incluindo as ligações que

18 — QUINTA-FEIRA
18 DE MAIO

COMPROMISSOS E EVENTOS PROGRAMADOS
NOME · LUGAR · ASSUNTO

MANHÃ
6H15-8H: PLANEJAMENTO DO TEMPO NO TRABALHO (PTT)
8H: ATUALIZAÇÃO SEMANAL COM ERIN E KARL 18/5

10H: VISITA A DISNEY ANIMAL KINGDOM COM BETH STEVENS
12H: REUNIÃO COM AL (DIÁRIO 18/5)

TARDE
13H-15H: CHECK-UP MÉDICO ANUAL (B)
16H-17H: AVALIAÇÃO DE DESEMPENHO MARY
17H15: ACADEMIA

NOITE
19H30: JANTAR DE ANIVERSÁRIO DE JAMES (DIÁRIO 18/5)

✓ PARA FAZER HOJE (LISTA DE AÇÕES)
MENSAGEM DE ANIVERSÁRIO PARA RALPH-GRACE
MARCAR REUNIÃO SOBRE O PLANO DE PRODUTIVIDADE
ESCREVER POST DE JUNHO DO BLOG THE MAIN STREET DIARY
AGENDAR VISITAS AOS VIP LOUNGES
DAR FEEDBACK SOBRE O RESTAURANTE A ROSEMARY (17/5)
MENSAGEM DE AGRADECIMENTO PARA JIM
RESOLVER CHECK-IN NO HOTEL X
DAR FEEDBACK PARA BOB

MARCAR REUNIÃO COM CONSULTOR FINANCEIRO
ABRIR UMA CONTA DE POUPANÇA DE APOSENTADORIA
EXAME ANUAL NO OFTALMO
PROGRAMAR VISITA AO MAGIC KINGDOM COM AS CRIANÇAS
CARTA PARA MAMÃE
RESERVAR PASSAGENS PARA AS FÉRIAS DE SETEMBRO

RELATÓRIO DE REEMBOLSOS E DESPESAS

CARL - 407-325-6543
ELIZ. JOHNSON - 202-464-3251   HÓSPEDES
BILL ROGERS - 321-424-1564   ELENCO
AL - 3464
FRANK MCMILLAN - 407-322-4651   AGRADECER
GRACE - 251-625-0000   ADVOGADO
PRISCILLA - 407-876-3072

PLANEJAMENTO MENSAL

QUINTA-FEIRA
18 DE MAIO
18

DIÁRIO

HRS.	NOME ou PROJETO	DESCRIÇÃO

8 0800
19H30: JANTAR NA CASA DE JAMES
1-4 ATÉ RUA LEE – VIRAR À DIREITA
2 KM ATÉ RUA OAK – À DIREITA
2 QUADRAS À ESQUERDA NA RUA OAK, 546
    407-414-3217   ESPOSA: JUDY
                    FILHOS: DAN/MARY

9 0900

10 1000
8H: REUNIÃO ERIN/KARL
– REVER PLANO DE CONTINGÊNCIA
– DISCUTIR ESTRUTURA ORGANIZACIONAL
– AGRADECER

11 1100
11H30: REUNIÃO COM AL WEISS
– ESTRUTURA ORGANIZACIONAL
– HORAS EXTRAS
– PROBLEMAS/CONSELHOS

12 1200
* SUPERMERCADO PARA PRISCILLA, NO CAMINHO DE VOLTA PARA CASA
* LEITE, PÃO, JORNAL, MORANGO, UVA

1 1300

2 1400
ELIZ JOHNSON – LIGAR PARA HÓSPEDE
– EXPERIÊNCIA NEGATIVA NO CHECK-IN
– MARY FOI GROSSEIRA
– QUARTO 18H
– RETORNAR LIGAÇÃO ATÉ 12H DE SEXTA-FEIRA 19/5

3 1500

4 1600

5 1700

Adaptado do modelo em inglês da Day-Timer® © 2014, ACCO Brands Direct.
Day-Timer® é uma marca registada da ACCO Brands Direct. Todos os direitos reservados.

COMO USAR SUA AGENDA   69

tenho de retornar. Assim, tenho sempre comigo os nomes e os números de telefone e, quando tenho um tempinho sobrando, posso retornar uma ligação e eliminar um item da minha lista de tarefas. *A ideia do gerenciamento de tempo é ir poupando um minuto aqui e um minuto ali.* Se você somar todos os minutos que desperdiça em um dia, verá que não é pouca coisa. Você pode poupar uma hora inteira por dia simplesmente mantendo tudo de que precisa ao alcance das mãos o tempo todo.

A seção à direita, no Planejamento Mensal, é intitulada "Diário". Como qualquer pessoa que escreve um diário sabe, você pode escrever o que quiser no seu "querido diário". O mesmo se aplica a essa seção da sua agenda. Você pode usá-la para fazer anotações em uma reunião. Pode fazer uma lista de compras para quando passar no supermercado a caminho de casa. Pode anotar como fazer para chegar a um endereço que você não conhece. No exemplo, incluí "Jantar na casa de James" às 19h30.

A informação "Diário 18/5" entre parênteses significa "consultar". Colocar uma data ou local entre parênteses indica que você deve consultar essa data ou local para obter mais informações. No caso, as informações se referem às instruções para chegar à casa de James. Você também vai notar na seção "Diário" uma lista de itens que quero lembrar nas reuniões com Karl e Erin, meus subordinados diretos na Disney, e com Al, meu chefe, bem como algumas coisas que Priscilla me pediu para comprar no supermercado. Também nesse exemplo você verá comentários de uma convidada da Disney World que ligou para falar sobre alguns problemas de atendimento que eu precisava resolver. Como você pode perceber, o "Diário" é um espaço para fazer anotações sobre o que você quiser.

A terceira parte do sistema é a *Agenda de Contatos*. Sugiro que você dedique um tempo para anotar todos os telefones e endereços pessoais e profissionais que precisa ter sempre à mão, onde quer que esteja. Eu uso minha agenda de contatos para anotar números que uso com frequência, como de vizinhos, amigos de meus filhos, amigos meus, subordinados diretos, companhias de cartão de crédito, médicos, bancos etc. Desse modo, quando preciso de um número, sempre tenho como encontrá-lo facilmente. É bem verdade que é muito mais rápido consultar os números em um smartphone, contanto que você esteja com ele o tempo todo e nunca deixe a bateria acabar. A Agenda de Contatos serve como um backup, o que me dá muita tranquilidade. Uso sistemas de redundância em todas as esferas da minha vida, assim como fazem os sistemas de segurança de aviões, para eu não dar de cara no chão. A propósito, a Agenda de Contatos também é um excelente lugar para guardar suas senhas.

VOCÊ DECIDE

Todos nós temos um tempo livre, basicamente um tempo que podemos usar a nosso critério para fazer o que quisermos... pelo menos até certo ponto. Ou seja, você decide o que fazer com ele. Se você for um funcionário de linha de frente, encarregado do atendimento aos clientes de uma loja, por exemplo, pode não ter muito tempo livre no trabalho. Se seu turno for, digamos, das 9 da manhã às 6 da tarde, seu único tempo livre pode estar nos intervalos de descanso. Nesse tempo, você tem a chance de fazer o que quiser: comer, ler, fazer ligações, fazer flexões, mandar e-mails, conversar com os amigos ou colegas de trabalho ou qualquer outra coisa. A "hora do almoço" é só um termo formal; ninguém precisa passar 30 ou 60 minutos comendo. Outro período livre começa no minuto em que você sai do trabalho, às 6 da tarde, até o momento em que volta ao trabalho na manhã seguinte, e, é claro, nos seus dias de folga.

Faço questão de dizer isso porque as pessoas insistem em dizer que não têm tempo para fazer as coisas. Mas temos muito tempo livre nas mãos, de modo que, na verdade, é tudo uma questão de escolha. Você pode se exercitar ou assistir à TV ou fazer as duas coisas ao mesmo tempo. É uma escolha pessoal. Você pode jogar golfe no fim de semana, ficar na companhia dos seus entes queridos ou jogar golfe com eles. É uma escolha pessoal. Você pode lavar a louça ou ler uma história de ninar para seus filhos. É uma escolha pessoal. Ler para os filhos é um tempo bem investido, que se pagará quando eles desenvolverem a paixão pela leitura, tirarem boas notas na escola e se tornarem cidadãos autossuficientes. Então, como você vê, em muitos casos, é uma questão de fazer as escolhas pessoais certas, e não um problema de falta de tempo.

Tente fazer as escolhas certas. Se você e sua família concordam com o modo como você passa seu tempo, você provavelmente já fez as escolhas certas. Um amigo janta e vai ao cinema com a esposa toda quarta-feira e passa o sábado inteiro jogando golfe. Esse esquema funciona para eles porque ele dedica a quantidade certa de tempo e atenção às suas duas paixões.

Pessoas que ocupam posições diferentes em uma organização têm quantidades diferentes de tempo livre durante o expediente. Um gerente de atendimento ao cliente tem mais tempo livre que o operário de uma fábrica. Um diretor-geral tem mais tempo livre do que o gerente de atendimento ao cliente e um vice-presidente tem mais tempo livre do que o diretor-geral e o gerente. Essa é a realidade. Quando você se aposentar, vai ter muito tempo livre.

A questão não é que quanto mais alto for o salário, mais tempo livre as pessoas terão para vagabundear. O que acontece é que elas têm muito mais flexibilidade para decidir como alocar o tempo e em quais tarefas trabalhar. As pessoas que fazem boas escolhas têm sucesso e avançam na carreira.

Uma das razões pelas quais é tão importante planejar o tempo todos os dias é que isso lhe dá uma lista bem ponderada de coisas para fazer *quando você tiver tempo livre à disposição*. É a sua lista de prioridades para todas as áreas da sua vida naquele dia. Então, quando não estiver em reunião nem trabalhando em alguma tarefa agendada, você pode consultar essa lista e ir eliminando item por item.

Há um ditado que realmente esclarece a importância de planejar o tempo: "Faça o que você *deveria* fazer agora para depois poder fazer o que *quer* fazer". Isso se aplica à sua vida pessoal – ao planejamento da sua aposentadoria, à sua saúde, à criação dos filhos etc. –, e não apenas à sua vida profissional.

PLANEJE O PLANEJAMENTO

Imagino que você deva estar pensando: "Tudo bem, entendi por que é tão importante planejar o tempo. Mas como se faz isso?".

Bem, você começa encontrando um lugar tranquilo, seja no seu escritório ou fora dele, se não for possível encontrar "tranquilidade" no seu ambiente de trabalho. Pode ser na sua casa antes de sair para o trabalho de manhã. Pode ser em uma sala de descanso, dentro de seu carro ou em um café.

1. Comece pegando sua agenda e abrindo-a na data de hoje (no caso do nosso exemplo, dia 18 de maio no Planejamento Mensal). Repasse os itens que você já agendou no passado.

2. Repasse sua correspondência (tanto física como eletrônica) pessoal e profissional e inclua novos itens em sua lista de tarefas "Para fazer hoje".

Sempre comece de cima, montando a lista das tarefas profissionais de cima para baixo. Em seguida, monte a lista das tarefas pessoais de baixo para cima. Isso mantém juntas todas as suas tarefas profissionais e pessoais.

Repare que a lista não precisa ser feita em ordem de prioridade. Vamos falar em breve sobre como priorizar cada tarefa. As tarefas também não precisam ser listadas na ordem na qual você pretende trabalhar nelas hoje. Por ora, basta se concentrar em anotar uma lista de tarefas "Para fazer hoje" na sua agenda.

3. Consulte o dia anterior na sua agenda diária para ver o que você deixou de fazer. Passe esses itens para a frente, para hoje ou para algum outro dia no futuro. A ideia é sempre anotar as tarefas no dia em que você acha que tem mais chance de fazê-las, levando em conta o tempo que você já comprometeu naquele dia com eventos programados, compromissos e outras tarefas. Também pense no que você poderia ter feito melhor ontem e melhore assim que possível.

Essas três etapas em geral resultarão em alguns novos itens em sua lista de tarefas "Para fazer hoje". Essas três primeiras etapas são a parte mais fácil, sendo que a quarta etapa é a mais difícil e mais importante:

4. Pense bem sobre todas as áreas da vida que mencionei anteriormente. Enquanto reflete sobre as coisas que precisa fazer, quer fazer ou deve fazer, anote-as na seção profissional ou pessoal da lista de tarefas "Para fazer hoje". O ideal não é só pensar no dia de hoje, mas pensar em hoje, amanhã, na próxima semana, no próximo fim de semana, no próximo mês, no próximo ano, daqui a dois anos, daqui a cinco anos e num futuro distante.

Faça a si mesmo a seguinte pergunta todos os dias: *"O que eu deveria fazer hoje que só renderá frutos daqui a 1, 5, 10, 15, 20, 25, 30, 35, 40 ou até 50 anos?"*.

Também pense em todas as responsabilidades da sua vida: com seu cônjuge, seus sócios, seus amigos, seus pais, seus filhos, outras pessoas e consigo mesmo (sua aposentadoria, sua saúde, sua carreira e assim por diante). Feito isso, você pode incluí-las em sua lista de afazeres, especificando os diferentes períodos. São tarefas como: Hoje: Ligar para John para cobrar o relatório diário. Amanhã: Analisar a avaliação de desempenho de Mary. Semana que vem: Planejar as reuniões do mês com meus subordinados diretos e planejar minhas férias em setembro. Mês que vem: Trabalhar na estrutura organizacional a longo prazo. Fazer um inventário do meu patrimônio pessoal para fins de seguro. Fazer a matrícula no curso de Gestão de Tempo do Lee. Conversar com os professores dos meus filhos. Ano que vem: Marcar todos os meus exames médicos anuais. Conversar com um consultor financeiro. Voltar a estudar para tirar meu diploma de graduação. Daqui a cinco anos: Fazer aquele exame médico necessário a partir dos 50 anos. Planejar uma viagem à Inglaterra para visitar meus parentes. Daqui a 30 anos: Ter dinheiro suficiente para me aposentar. Ter um hobby para me manter ocupado.

Lembre-se: se não conversar com aquele consultor financeiro nem começar a poupar e investir, você não conseguirá atingir sua meta de se aposentar daqui a 30 anos. Se você não pesquisar os potenciais cursos de graduação hoje, não vai conseguir tirar seu diploma daqui a três ou quatro anos.

A questão é que muitas das tarefas que você realizar hoje, nesta semana e neste mês só renderão frutos depois de anos. Tarefas como orientar e aconselhar seus subordinados diretos se enquadram nessa categoria, bem como educar seus filhos e discipliná-los como se deve. Você precisa começar a planejar como pretende atingir suas metas assim que elas vierem à sua mente. Feito isso, anote seus planos para não se esquecer deles e trabalhe neles incansavelmente até conseguir o que quer.

A propósito, se você estiver na quarta etapa do planejamento de tempo, "pensar", e não conseguir pensar em nada, sugiro perguntar a seu chefe, a seus subordinados diretos ou a seus entes queridos o que eles acham que você deveria estar fazendo agora. Eles provavelmente lhe darão uma lista inteira de coisas para fazer. Outro dia eu queria mudar uma coisa no trabalho, mas não conseguia pensar em como fazer isso. O simples fato de pensar a respeito todos os dias durante uma ou duas semanas me ajudou a finalmente ter algumas ideias. Porém, minhas ideias só resolvem o problema em parte, e para amadurecê-las sempre consulto mais gente.

Aliás, não se esqueça de incluir exercícios físicos na sua lista... E não apenas pelos benefícios à saúde que todo mundo já conhece. Uma coisa interessante acontece quando você está se exercitando. Algumas das minhas melhores ideias e insights surgiram quando estava no meio da minha rotina de exercícios. Correr ou caminhar tem sido especialmente produtivo ao longo dos anos por ter me proporcionado novas ideias e soluções criativas. Não sei se isso acontece porque meu cérebro recebe mais oxigênio ou se é resultado da solidão de uma boa sessão de exercícios. Tudo o que sei é que funciona.

E, já que estamos falando a respeito, aprendi que a pior desculpa que você pode dar para não se exercitar é que está cansado demais. Na maioria das vezes, quando está cansado, você sai energizado de uma sessão de exercícios. Parece-me que, quanto mais cansado estou, mais preciso me exercitar. Desse modo, quando tenho uma sessão de exercícios marcada na minha agenda, eu me exercito, não importa como esteja me sentindo, porque sempre cumpro meus compromissos comigo mesmo. Simplesmente começo a me exercitar, sabendo que posso ter uma ideia genial nos minutos seguintes. No mínimo, chegarei em casa desestressado e serei uma companhia mais agradável... e só isso já me poupa muito tempo.

Aproveite seu dia contemplando tudo o que aprendeu até agora. No próximo capítulo, você vai aprender a ter um dia mais eficaz estabelecendo prioridades para cada item da sua lista de tarefas "Para fazer hoje".

Consulte o Planejamento Antecipado nas páginas 64 e 65 e o Planejamento Mensal nas páginas 68 e 69.

4

APRENDA A ATRIBUIR AS PRIORIDADES CERTAS

Urgente, vital e importante!

"Para entender a vida de um homem, é necessário saber o que ele faz e também o que ele propositalmente deixa de fazer."

JOHN HALL GLADSTONE

Falamos sobre sua responsabilidade na hora de gerenciar seu tempo e sua vida. O segredo, nesse caso, é você.

- Comentamos sobre como usar o planejamento do tempo e, ao fazer isso, em quais áreas da sua vida você deve pensar.
- Vimos a importância de ter só uma agenda para a vida profissional e pessoal.
- Percebemos como é útil adotar uma agenda que siga o modelo que propus, pois as três seções dela satisfazem a todas as suas necessidades. É como ter um escritório inteiro no bolso.

Agora que você já sabe fazer listas de tarefas e usar uma agenda para ser mais eficiente, vamos dar uma olhada em como atribuir as prioridades certas a cada tarefa da sua lista diária. Assim, você não só será eficiente, mas também *eficaz*.

COMO PRIORIZAR

- URGENTE primeiro.
- *Vital* em seguida.
- *Importante* depois.
- Pouco valor por último, ou nunca.

Use essas categorias de prioridades para concluir seu planejamento diário. Nas páginas 104 e 105, você pode ver a mesma lista de tarefas do dia 18 de maio que foi apresentada no capítulo anterior, mas com uma diferença: antes era só uma lista, e agora existe uma prioridade para cada tarefa. Você só tem um plano de verdade depois de atribuir uma prioridade a cada tarefa!

É importantíssimo fazer as coisas na ordem certa.

Eu costumava chegar em casa e ligar a TV. Priscilla começava a falar comigo, mas eu estava ocupado assistindo à TV, o que acabou virando um problema. Percebi que é muito mais importante dar ouvidos a um ente querido, então reorganizei minhas prioridades. Agora chego em casa, digo a Priscilla que a amo, dou um beijo nela, ouço tudo o que ela tem a dizer e só depois ligo a TV. A ordem certa faz uma enorme diferença nos resultados.

E apliquei essa mesma técnica no trabalho. Aprendi a começar o dia percorrendo o escritório e cumprimentando pessoalmente todos da minha equipe. Só depois de fazer isso é que eu mergulhava nas tarefas que me aguardavam no computador ou na pilha de papéis sobre minha mesa. Recomendo muito que você faça o mesmo:

Cumprimente sua equipe antes de mergulhar no trabalho.

APRENDA A ATRIBUIR AS PRIORIDADES CERTAS 83

Quando se trata de prioridades, o timing é importantíssimo. Fazer a coisa certa tarde demais acaba sendo um problema. Por isso é crucial não demorar muito tempo para pedir desculpas, começar dizendo a verdade e nunca pular um check-up médico anual. Diga a seus entes queridos que você os ama antes de eles precisarem perguntar. Diga aos membros de sua equipe quanto e por que você os valoriza antes de eles pedirem demissão por se sentirem negligenciados. E faça isso com frequência. Todo mundo quer saber que é valorizado e, quando as pessoas sabem disso, tornam-se mais comprometidas e leais.

A capacidade de focar as prioridades e realizá-las na ordem certa é o fator mais importante para atingir a eficácia.

Então, eis o que você precisa fazer. Se uma tarefa é:

- URGENTE, marque um asterisco (*) ao lado dela.
- *Vital*, marque a letra A ao lado dela.
- *Importante*, marque a letra B ao lado dela.
- De valor limitado, marque a letra C ao lado dela.

Qual tarefa você deve fazer primeiro? A tarefa URGENTE, claro, porque você, seu chefe, um cliente, um funcionário ou alguma outra pessoa decidiu que a tarefa é URGENTE.

Mas o que fazer diante de várias tarefas URGENTES? Você precisa decidir qual é a *mais* URGENTE.

Enumere-as da mais até a menos URGENTE, começando com o número 1.

E no caso de tarefas URGENTES que você não tem como concluir naquele dia? Seus problemas pessoais e profissionais mais urgentes devem ser incluídos em sua agenda *todos os dias* até você resolvê-los, não importa quanto tempo leve.

Depois de realizar as tarefas URGENTES, volte-se para as tarefas *vitais*. Estas podem incluir coisas que você vai levar seis meses, um ano ou mais para concluir, mas, uma vez concluídas, poderão agregar um enorme valor em diversas áreas da sua vida, como satisfação dos clientes, moral dos funcionários, resultados da empresa e até seus relacionamentos pessoais.

É importante entender esse conceito. A maioria das pessoas posterga as tarefas *vitais* porque estas costumam parecer difíceis ou trabalhosas demais. Mas estamos falando de como *começar* hoje, não de terminar hoje. Essas grandes tarefas *vitais* geralmente levam muito tempo para ser concluídas, mas têm um enorme retorno.

Você provavelmente incluirá muitos itens em sua lista de tarefas *vitais*. Como fez com as tarefas URGENTES, enumere-as em ordem de prioridade. Feito isso, comece a trabalhar nas tarefas e faça tudo o que puder hoje. Não deixe de incluir os itens incompletos na lista do dia seguinte também.

Agora, passe para as tarefas *importantes* da sua lista, marcadas com a letra B. Essas tarefas também devem ser enumeradas da mais importante até a menos importante – B-1, B-2, B-3 e assim por diante.

Se você conseguir concluir essas tarefas e tiver um tempo sobrando em seu dia, pode se dedicar à sua lista de itens de *valor limitado*. No entanto, eu recomendaria deixar as tarefas de *valor limitado* completamente de fora de sua vida e de sua lista de afazeres. Por que diabos você vai querer gastar tempo fazendo algo de *valor limitado* quando tem tantas coisas URGENTES, vitais e importantes para fazer? Sei que a ideia de deixar as coisas de *valor limitado* completamente de fora de sua vida pode parecer intimidante. Mesmo assim, gostaria de encorajá-lo a tentar, porque os resultados serão no mínimo libertadores.

As pessoas, não raro, se veem atoladas na rotina de fazer sempre as mesmas atividades, sem nunca parar para se perguntar por que fazem isso. Será que você ainda curte jogar boliche ao lado dos colegas do time de boliche que jogam com você todas as noites de quarta-feira nos últimos 17 anos? Se você adora jogar boliche, então continue jogando, mas, se você não gosta muito, faça uma pausa e tire essa atividade da sua agenda.

O mesmo se aplica a qualquer hábito antigo que não proporciona tanta satisfação nem o ajuda a atingir suas metas. *Saia da rotina e volte à via expressa.*

Se você der uma olhada no exemplo do Planejamento Mensal referente à quinta-feira, dia 18 de maio, nas páginas 104 e 105, verá que a lista foi priorizada usando os códigos explicados anteriormente. Todos os itens foram marcados com um asterisco (*), a letra A ou a letra B. (Não incluí nenhum C no exemplo por questões de espaço.) Repito as tarefas a seguir para que você veja que a ordem em que decidi fazê-las é diferente da ordem na qual foram originalmente listadas na agenda. Como pode ver, o primeiro item no qual trabalhei naquele dia foi o último item da lista de afazeres pessoais. Depois de concluir as cinco tarefas URGENTES (de *1 a *5), passei a trabalhar no item A-1 e depois nos Bs.

Exemplos:

- *2: Mensagem de aniversário para Ralph–Grace.
- B-3: Marcar reunião sobre o plano de produtividade.
- B-6: Escrever post de junho do blog *The Main Street Diary*.
- B-5: Agendar visitas aos VIP lounges.
- B-4: Dar feedback sobre o restaurante a Rosemary.
- *4: Mensagem de agradecimento para Jim.
- A-1: Resolver check-in no Hotel X.
- *3: Dar feedback para Bob.
- B-1: Marcar reunião com consultor financeiro.
- B-7: Abrir uma conta de poupança de aposentadoria.
- B-2: Exame anual no oftalmo.
- *5: Programar visita ao Magic Kingdom® com as crianças.
- B-8: Carta para mamãe.
- *1: Reservar passagens para as férias de setembro.

Quando fiz meu planejamento de tempo naquele dia de manhã, encontrei muitas tarefas para fazer. Algumas já estavam lá quando abri a agenda no dia 18. Eu as tinha agendado alguns dias ou semanas antes, já que minha meta era tentar fazê-las naquele dia.

Sempre inclua itens na lista "Para fazer hoje" no dia em que você acha que terá mais chances de fazer a tarefa, tendo em conta as outras atividades agendadas para aquele dia. A ideia é equilibrar sua agenda e sua lista "Para fazer hoje", porque, se você passar o dia inteiro em reunião, não terá muito tempo livre para trabalhar nas tarefas dessa lista. Quando consultei meus e-mails no dia 18 de maio, incluí mais alguns itens. Feito isso, repassei o dia anterior, 17 de maio, e transferi para a frente algumas tarefas que não consegui fazer. Coloquei um desses itens na lista do dia 18 e transferi outro para a sexta-feira, dia 19.

Quando cheguei à etapa do meu planejamento do tempo relativa a "pensar", acrescentei "Resolver check-in no Hotel X", porque encontrei alguns problemas ao avaliar os índices de satisfação dos clientes no dia anterior. Também incluí "Dar feedback para Bob". Bob era um de meus subordinados diretos e achei que ele precisava receber um feedback sobre seu desempenho insatisfatório, problemas de disciplina e falta de pontualidade. Também acrescentei "Marcar reunião com consultor financeiro" e "Abrir uma conta de poupança de aposentadoria" depois de ler um artigo no jornal de domingo que me levou a pensar mais a sério sobre o assunto.

A propósito, é justamente por isso que é tão importante reservar um tempo para ler jornais e revistas e encontrar bons sites para se instruir sobre temas relevantes para sua vida e seus interesses. Ter uma boa base de conhecimento e informações pode ajudar muito quando você precisa tomar uma decisão. Quantas vezes não mudei de opinião em virtude de alguma coisa que eu li! Ler boas publicações e consultar sites educativos na internet, como o Thrive15.com, o ajudará a ter ideias de coisas que você precisa resolver.

Depois de concluir minha lista do dia 18 de maio, atribuí prioridades a cada item. Feito isso, eu estava pronto para agir. EU TINHA UM PLANO!

UM DIA NA MINHA VIDA

Meu primeiro compromisso foi às 8 da manhã, com Erin e Karl. Dei uma olhada nas observações que fizera na seção "Diário", para me lembrar das coisas que eu queria conversar com eles. A seção "Diário" é o lugar perfeito para montar uma pauta antes de uma reunião. Minha conversa com Erin e Karl terminou às 9 horas. Como meu próximo compromisso só seria às 10 horas, eu tinha uma hora de tempo livre para usar como quisesse.

A grande vantagem de ter um plano é que você não desperdiça seu tempo livre. Você consulta seu plano e vai eliminando item por item. A primeira coisa que eu queria fazer se tivesse tempo livre naquele dia era "Reservar passagens para as férias de setembro". Esse item estava marcado com a prioridade *1 (URGENTE 1), indicando que eu o considerava a tarefa mais URGENTE da minha lista naquele dia, por alguma razão. Talvez fosse o último dia de alguma promoção. Assim que fiz as reservas, registrei os voos no meu Planejamento Antecipado, incluindo os números dos voos e os horários de partida e chegada. Desse modo, eu teria sempre a resposta à mão quando minha família ou colegas me perguntassem quando eu viajaria, quando partiria e exatamente quando voltaria. Com as informações registradas no meu Planejamento Antecipado, eu as teria sempre ao alcance, onde quer que estivesse.

Feito isso, dediquei-me a trabalhar nas tarefas *2, *3, *4 e, por último, *5. Fiz tudo tranquilamente em apenas meia hora. Antes de seguir para o próximo item, A-1, fiz uma pausa para ir ao banheiro e pegar um copo de água, apesar de esses itens não terem sido contemplados no planejamento.

Brincadeirinha! Mas, se você for *muito* desorganizado, pode ser interessante agendar eventos como esses também, até se acostumar a ser mais organizado.

Eram 9h30 da manhã e eu tinha de ir ao parque temático Animal Kingdom®, da Disney, para uma visita com Beth Stevens. Larguei o que estava fazendo e fui até meu carro. No caminho, peguei o celular e retornei algumas ligações, que estavam relacionadas na lista de telefonemas da agenda.

Quando cheguei ao Animal Kingdom, eu já tinha feito todas as ligações da lista, exceto uma à nossa paisagista, que acabei fazendo depois, naquele mesmo dia. Ela tinha boas ideias sobre algumas flores que poderíamos plantar e decidimos nos reunir na região de Celebration, na Flórida, na semana seguinte, quando eu estaria por lá. Com essa ligação, consegui eliminar toda a lista de telefonemas e marquei o compromisso na minha agenda, no dia apropriado.

Fiz uma visita de uma hora com Beth e voltei ao escritório. Eram 11h30 quando cheguei. Meu compromisso seguinte era com Al Weiss, meu chefe, ao meio-dia, o que me dava 30 minutos de tempo livre. Eu já tinha comido um sanduíche de pasta de amendoim e geleia na volta do Animal Kingdom (costumo levar um sanduíche na maleta nos dias de agenda mais apertada). Os 30 minutos que poupei almoçando no carro me ajudaram a não me atrasar para meus outros compromissos agendados. A propósito, era raro eu pular o almoço, não só porque gosto de comer bem, mas também porque eu sempre aproveitava bem o tempo quando comia no refeitório. Eu podia verificar a qualidade da comida, da limpeza e do atendimento e também conhecer e conversar com os Membros do Elenco da Disney.

É incrível ver como é possível aproveitar bem o tempo e quanto podemos fazer em um dia, se quisermos. Como eu tinha 30 minutos sobrando, dediquei-me a um item da lista de tarefas *vitais*: "Resolver check-in no Hotel X".

O problema era grave e eu queria muito resolvê-lo, então decidi me manter focado na tarefa até solucionar a questão. Tudo o que eu podia fazer naquele dia era marcar uma reunião dali a duas semanas para trabalhar no projeto, com a meta de melhorar drasticamente o check--in no prazo de seis meses.

Depois, mandei um e-mail para as nove pessoas que eu queria na equipe do projeto, explicando o problema, informando que nosso primeiro encontro seria das 14h às 16h no dia 6 de junho, e acrescentando que eles deveriam reservar o mesmo horário toda quarta-feira nos próximos seis meses para o projeto. Eu disse que iríamos resolver o problema do check-in até o dia 15 de dezembro e que eles deveriam começar a coletar informações para se preparar para nossa primeira reunião. Também pedi que me informassem de outras pessoas que poderiam agregar valor à equipe do projeto, o qual denominei "Resolução do Check-In". Informei o local da primeira reunião e disse que estaria disponível para me reunir individualmente com cada integrante a fim de conversar sobre minhas expectativas e as responsabilidades de cada um. Quando enviei o e-mail, pude considerar concluída a tarefa, pelo menos naquele dia.

No dia seguinte, no meu planejamento do tempo, marquei todas as reuniões de quarta-feira na minha agenda. Nas duas semanas que se seguiram, agendei reuniões individuais com os membros da equipe do projeto e fiz o possível para que todos pudessem comparecer às reuniões nos meses seguintes. Por último, marquei na minha agenda um lembrete para informar meu chefe a respeito desse projeto, antes que ele dissesse alguma coisa. Ao longo da minha carreira e do meu casamento de 46 anos, aprendi que é sempre melhor informar o chefe ou o cônjuge sobre qualquer problema, mesmo se for óbvio, inclusive dizendo o que você pretende fazer a respeito, antes que possam dizer qualquer coisa. Graças a Priscilla, hoje posso dizer que sou um especialista nessa área.

Então, marquei a tarefa como concluída no dia 18 de maio, mas mantive a tarefa na agenda até o projeto ser concluído e o problema de check-in, resolvido. No dia da primeira reunião da equipe, fizemos um brainstorming de ideias e soluções e atribuímos responsabilidades e prazos para todos os integrantes. Em dezembro, o problema já tinha sido resolvido, conforme o planejado.

Isso é o que o *foco* faz. Na Disney, quando decidíamos que iríamos focar alguma coisa e dedicar o tempo e os recursos necessários, a tarefa sempre era concluída. O mesmo conceito pode ser aplicado à sua vida, pessoal e profissional. Concentre-se no que você quer fazer melhor, reserve um bom tempo para isso, recrute outras pessoas para ajudá-lo e o problema não vai demorar a ser resolvido.

Voltando ao dia 18 de maio, quando entrei na reunião com Al (meu chefe), ao meio-dia, eu já tinha concluído minhas tarefas URGENTES e todas as tarefas *vitais* agendadas para aquele dia. Além disso, eu havia comido aquele sanduíche de pasta de amendoim e geleia, garantindo um rápido almoço antes da reunião. Nunca cheguei atrasado a uma reunião com Al. Repito: NUNCA CHEGUEI ATRASADO A UMA REUNIÃO COM AL. Isso pode não fazer muita diferença para sua reputação no seu trabalho, mas, no Walt Disney World®, chegar atrasado a uma reunião com o chefe era inadmissível.

Na reunião, Al disse: "Aliás, o que você está fazendo para resolver o problema do check-in no Hotel X?". Rapaz, que história eu tinha para contar! Ele se reclinou na cadeira como quem pensa consigo mesmo: "Esse sujeito sabe o que faz... Gostei de ver!". É assim que tem de ser. O melhor é ficar pelo menos um passo à frente do seu chefe, se não mais. Na verdade, perguntar a seu chefe de tempos em tempos se tem alguma coisa na qual ele gostaria que você trabalhasse é uma boa técnica para incluir as coisas certas no seu planejamento. É muito melhor para sua carreira ter um plano em vez de gaguejar e balbuciar quando seu chefe perguntar a você o que está fazendo em relação a algo considerado *vital* na empresa. Outro benefício de se adiantar e dar conta das tarefas *vitais* é que, quando você as resolve com eficácia, muitos problemas URGENTES nem chegam a surgir. Você consegue poupar muito tempo que, de outra forma, teria de usar para apagar incêndios, além de evitar muitas noites de insônia.

Se você achar difícil lembrar por que os itens *vitais* são mais importantes que os itens *importantes* da sua lista, tenha em mente que seus órgãos vitais – coração, pulmões, rins, fígado etc. – são muito mais importantes do que as outras partes de seu corpo, como os dedos. É mais importante cuidar dos órgãos vitais, já que você não consegue viver sem eles.

E o mesmo se aplica às tarefas *vitais* da sua vida profissional e pessoal. Se você resolver os problemas do check-in, não vai precisar lidar com clientes irritados. Você enfrenta menos rotatividade de funcionários da recepção, porque as operações são organizadas e os hóspedes não gritam com eles. Sua empresa consegue clientes mais fiéis e uma reputação melhor, porque vocês estão prestando um excelente atendimento.

Outra coisa que poderia entrar na sua lista de itens *vitais* é sua saúde. E se um dia, em um futuro próximo, você tiver de incluir a tarefa "Resolver problemas de saúde" na sua agenda? Se você não reservar tempo suficiente para se manter saudável, vai ter de dedicar muito tempo para se recuperar de uma cirurgia de ponte de safena.

Às 12h30 do dia 18 de maio, peguei novamente o carro e fui ao consultório do meu clínico geral para fazer meu check-up anual. Pensando a longo prazo, essa simples precaução poupa um tempo enorme. É importantíssimo detectar os problemas no início, especialmente no que diz respeito à saúde. Quantas vezes você já ouviu alguém dizer: "Se a gente tivesse descoberto a doença antes, ele ainda estaria vivo"? Quando marco minhas consultas médicas, sempre tento agendar para as 8 da manhã, porque o primeiro horário do dia é o único no qual os médicos não costumam atrasar. Além disso, o médico em geral está descansado e atento de manhã cedo. Por falar nisso, sempre que possível gosto de reservar voos matinais, pela mesma razão. O primeiro voo do dia tem mais chance de sair na hora, porque o avião já está no aeroporto, tendo passado a noite lá. A questão é que, quanto mais tarde no dia for seu voo, maiores as chances de longos atrasos, o que é um verdadeiro desperdício de tempo. Lembre-se: "Deus ajuda quem cedo madruga".

Depois de fazer os exames, disse ao médico quais medicamentos e vitaminas tomo, informações que tenho sempre à mão na minha agenda, abaixo do nome do médico. Cheguei ao escritório às 15h30 e, no caminho, consultei meu correio de voz e retornei mais alguns telefonemas pelo celular, usando o viva-voz. (Jamais dirija falando ao telefone sem usar o viva-voz.) Eu tinha 30 minutos até a próxima reunião, às 16h, com Mary, para falar sobre a avaliação de desempenho dela. No dia anterior, eu já havia me preparado para a reunião. Em vista disso, tinha duas opções: poderia sair pelo escritório para incomodar meus colegas ocupados ou trabalhar no item B-1 da minha lista; em seguida, no item B-2, no B-3 e talvez até no B-4 antes das 16h.

Minha reunião com Mary terminou 15 minutos antes do horário programado, o que me deu tempo para começar a planejar o dia seguinte antes de sair do escritório para minha sessão de exercícios na academia, às 17h15. Esse compromisso está marcado na minha agenda todos os dias, sem exceção! Naquele ano, eu tinha a meta de me exercitar 275 dias. No ano anterior eu estabelecera a mesma meta, mas só conseguira me exercitar 273 dias. No ano antes daquele, foram 274 dias. Isso significa que fiquei três dias em falta em dois anos. A situação me incomodava e decidi que não deixaria isso voltar a acontecer, pelo menos não pelas mesmas razões. E não aconteceu. Minha sessão de exercícios terminou às 18h15. Tive de encurtar um pouco a sessão para conseguir chegar a tempo à festa de aniversário do meu amigo James, na cidade de Winter Park. Priscilla teve de me encontrar na festa, porque minha agenda estava apertada demais naquele dia. Mesmo assim, não deixei de me exercitar, já que os exercícios físicos eram, e ainda são, uma prioridade na minha vida – e um jeito de não negligenciar suas prioridades é programá-las na agenda. Esta lição é importantíssima:

> Não deixe de marcar na agenda as prioridades da sua vida.

Não se importe com o que os outros digam a respeito das prioridades deles. É pela obra que se conhece o artista, e as cores que alguém usa são os itens programados na agenda dele ou dela. Considero essa lição tão importante que faço questão de enfatizá-la: *agende as prioridades da sua vida*. Isso inclui *todas* as prioridades, profissionais e pessoais.

Cheguei em casa às 9 da noite depois da festa de aniversário. Repassei meus compromissos para o dia seguinte, 19 de maio, e fiz algumas observações de última hora com base nos acontecimentos do dia 18. Uma das observações foi um lembrete para enviar uma mensagem de agradecimento a James e Jane pelo excelente jantar de aniversário e lhes dizer que foi um enorme prazer, para Priscilla e para mim, conhecer os filhos deles, Dan e Mary. Durante o jantar, aliás, abri minha agenda e anotei, no sábado, o nome do vinho tinto que eles serviram, para eu me lembrar de comprar uma garrafa para nós. Você verá que essa pequena agenda vem muito a calhar quando você menos espera.

Também acrescentei à minha lista de tarefas "Para fazer hoje" da semana:

- Mandar cartões-postais a soldados norte-americanos servindo no Iraque e no Afeganistão.
- Marcar horário com um técnico para fazer a revisão dos aparelhos de ar-condicionado de casa. Os aparelhos têm 12 anos e já está quase na hora de trocá-los.
- Enviar relatório de reembolso de despesas médicas.
- Agendar visitas a empresas da região de Orlando para ver se elas se interessam em participar de uma campanha de arrecadação de fundos para a ONG United Way este ano.
- Comprar um presente de aniversário para o Daniel.
- Trabalhar em ideias para melhorar a estrutura organizacional da empresa.

Fui para a cama depois de escovar os dentes e passar fio dental (criar o hábito de passar fio dental acaba poupando muito tempo por reduzir o número de visitas a seu dentista). A última coisa que fiz naquele dia foi dizer a Priscilla que a amo... outro pequeno ato que poupa muito tempo, principalmente se você puder dizer isso do fundo do coração, como é meu caso. Quando me dei conta, já eram 5h10, hora de levantar para começar o dia 19 de maio.

Naquela manhã, fiz café para Priscilla e um sanduíche de pasta de amendoim e geleia para mim. Depois pus minhas roupas de ginástica na sacola, tomei um banho rápido, me vesti e fui a um Starbucks. Cheguei lá às 5h50, sentei-me a uma mesa com uma tigela de mingau de aveia com frutas, sem açúcar, um café e o jornal. Lá pelas 6h eu já estava saindo do café. Cheguei ao escritório às 6h15, apenas 65 minutos depois de ter acordado. Percebi, ao longo dos anos, como morar perto do trabalho resulta em uma enorme economia de tempo (e realmente melhora sua vida), mesmo se você tiver de morar em uma casa menor. Outra excelente maneira de poupar tempo é organizar sua agenda para evitar os horários de trânsito intenso sempre que possível.

Eram 6h15 da manhã quando sentei à minha mesa para fazer meu planejamento do tempo, como faço religiosamente, dia sim, dia não. Essa é minha rotina. Naquela manhã, tive de transferir as tarefas B-6, B-7 e B-8 para outro dia da semana, quando eu teria mais chance de trabalhar nelas. Uma tarefa que não fiz no dia anterior

APRENDA A ATRIBUIR AS PRIORIDADES CERTAS   99

acabou ganhando uma classificação B mais alta. É assim que as prioridades funcionam. Às vezes uma tarefa precisa ser elevada de *vital* a URGENTE. Pense na vida de um estudante. Quando o professor dá um trabalho para ser entregue em um mês e meio, o projeto é considerado *importante*. Se o aluno adia a tarefa e de repente percebe que o prazo de entrega é dali a três dias – ou, pior ainda, um dia –, o projeto passa a ser URGENTE.

Muitas coisas na nossa vida passam a ser URGENTES em virtude de nossa falta de organização e do fato de não termos um sistema para manter nossas responsabilidades sob controle. Tenho visto muitas pessoas brilhantes incapazes de atingir seu pleno potencial, simplesmente por serem desorganizadas. Você pode ter todo o talento e toda a inteligência do mundo, mas isso não importa se você não consegue realizar nada. Como alguém já disse, "As únicas boas ideias são as ideias concretizadas".

Quando você conclui as tarefas da sua lista, deve oficializar o fato registrando-o na sua agenda. Ao longo do dia, use os símbolos a seguir para registrar seu trabalho em cada categoria:

- ■ √ = Concluído
- ■ / = Iniciado, mas não concluído
- ■ ( ) = Veja ou consulte
- ■ ➜ = Transferido para outra data no futuro

Veja algumas outras reflexões sobre o que discutimos:

- Muitas vezes não chegamos às tarefas *vitais* porque estamos ocupados demais apagando os incêndios URGENTES. E muitas das tarefas URGENTES só surgiram porque não nos ocupamos delas quando ainda eram *vitais*. É um círculo vicioso, e é necessário disciplina para conseguir sair dele. Caso contrário, você passará a vida inteira ocupado e incapaz de fazer qualquer diferença. No Walt Disney World®, o ciclo de procrastinação, seguido de uma grande correria para compensar a falta de planejamento, organização e ação, simplesmente não era tolerado. Infelizmente, contudo, vejo esse padrão em muitas organizações, nas quais esse tipo de comportamento é a norma. Se você se sente eternamente ocupado, mas sempre correndo atrás do prejuízo, deve decidir neste exato momento se livrar do círculo vicioso e começar a formar novos hábitos com base na proatividade e na organização. Você consegue!

- Se todas as pessoas de uma organização fizessem pelo menos uma tarefa *vital* por ano, precisariam de grandes caminhões para carregar todos os lucros adicionais. E, se você fizer pelo menos uma tarefa *vital* por ano na sua vida pessoal, vai se surpreender como a vida vai melhorar e ficar mais tranquila.

Tento pensar em algumas tarefas *vitais* todos os anos, relativas a áreas nas quais posso obter grande retorno ou nas quais acho que essas tarefas podem fazer diferença. Anoto-as na minha agenda, que funciona como uma incubadora: é só uma questão de tempo antes de a intenção se concretizar. Foi assim que consegui realizar as coisas das quais mais me orgulho na vida.

Anotar tarefas *vitais* todos os anos passou a ser quase um jogo para mim. Se um dia acontecer de eu não conseguir pensar em nenhuma, tenho certeza de que Priscilla terá uma tarefa *vital* na ponta da língua para mim, o que seria ótimo. Falando em prioridades, minha esposa é minha prioridade máxima. Eu não a vejo muito durante a semana, por isso faço questão de passar todos os fins de semana com ela e conversar com os outros membros da minha família. Eles são uma prioridade mais importante para mim do que jogar golfe ou me dedicar a outras atividades que não podemos fazer juntos. Estou certo de que você já sabe por que essa é uma boa prática de gerenciamento do tempo e da vida. Se você quiser passar o dia inteiro jogando golfe nos fins de semana, de acordo com minha filosofia, você deveria se certificar de agendar algo especial para você e seu ente querido durante a semana. Se todas as pessoas que importam em sua vida não estiverem felizes, você não tem uma vida equilibrada.

Para resumir a mensagem deste capítulo, quando você aprender a:

- anotar as coisas,
- planejar seu dia e sua vida e
- agendar as prioridades da sua vida...

Você vai se surpreender, porque será capaz de:

- fazer o que tem de ser feito,
- quando tiver de ser feito,
- do jeito como deveria ser feito,
- quer você goste ou não!

Ao longo da minha carreira, fui responsável por gerenciar entre 4 e 40 mil pessoas, e posso afirmar que, enquanto você não aprender a anotar as coisas, planejar o seu dia e agendar suas prioridades, vai ter dificuldade de gerenciar sua vida.

A boa notícia é que já vi inúmeras pessoas aprendendo a implementar essas novas habilidades e as vi começar a prosperar à medida que melhoram exponencialmente no gerenciamento de sua vida. Você também consegue! Não é nada muito complicado, só requer autodisciplina. Comece hoje mesmo, não deixe para um dia qualquer.

É isso! Agora, vamos aprender a não procrastinar e toda uma série de outras questões divertidas relacionadas ao gerenciamento do tempo e da vida. Você vai se surpreender! (Consulte a agenda de gerenciamento de tempo na próxima página.)

18 QUINTA-FEIRA
18 DE MAIO
COMPROMISSOS E EVENTOS PROGRAMADOS
NOME • LUGAR • ASSUNTO

MANHÃ
6H15-8H: PLANEJAMENTO DO TEMPO NO TRABALHO (PTT)
8H: ATUALIZAÇÃO SEMANAL COM ERIN E KARL 18/5

10H: VISITA A DISNEY ANIMAL KINGDOM COM BETH STEVENS

TARDE
12H: REUNIÃO COM AL (DIÁRIO 18/5)

13H-15H: CHECK-UP MÉDICO ANUAL (B)
16H-17H: AVALIAÇÃO DE DESEMPENHO MARY
17H15: ACADEMIA
NOITE 19H30: JANTAR DE ANIVERSÁRIO DE JAMES (DIÁRIO 18/5)

PARA FAZER HOJE (LISTA DE AÇÕES)
✓	
*2	MENSAGEM DE ANIVERSÁRIO PARA RALPH-GRACE
B3	MARCAR REUNIÃO SOBRE O PLANO DE PRODUTIVIDADE
B6	ESCREVER POST DE JUNHO DO BLOG THE MAIN STREET DIARY
B5	AGENDAR VISITAS AOS VIP LOUNGES
B4	DAR FEEDBACK SOBRE O RESTAURANTE A ROSEMARY (17/5)
*4	MENSAGEM DE AGRADECIMENTO PARA JIM
A-1	RESOLVER CHECK-IN NO HOTEL X
*3	DAR FEEDBACK PARA BOB

B1	MARCAR REUNIÃO COM CONSULTOR FINANCEIRO
B7	ABRIR UMA CONTA DE POUPANÇA DE APOSENTADORIA
B2	EXAME ANUAL NO OFTALMO
*5	PROGRAMAR VISITA AO MAGIC KINGDOM COM AS CRIANÇAS
B8	CARTA PARA MAMÃE
*1	RESERVAR PASSAGENS PARA AS FÉRIAS DE SETEMBRO

RELATÓRIO DE REEMBOLSOS E DESPESAS
LIGAÇÕES TELEFÔNICAS

CARL - 407-325-6543
ELIZ. JOHNSON - 202-464-3251   (5/20   HÓSPEDES
BILL ROGERS - 321-424-1564   ELENCO
AL - 3464
FRANK MCMILLAN - 407-322-4651   AGRADECER
GRACE - 251-625-8888   ADVOGADO
PRISCILLA - 407-876-3072

QUINTA-FEIRA 18

18 DE MAIO

DIÁRIO

HRS	NOME ou PROJETO	DESCRIÇÃO

8 0800

19H30: JANTAR NA CASA DE JAMES
1-4 ATÉ RUA LEE — VIRAR À DIREITA
2 KM ATÉ RUA OAK — À DIREITA
2 QUADRAS À ESQUERDA NA RUA OAK, 546
    407-414-3217   ESPOSA: JUDY
                  FILHOS: DAN/MARY

9 0900

10 1000

8H: REUNIÃO ERIN/KARL
– REVER PLANO DE CONTINGÊNCIA
– DISCUTIR ESTRUTURA ORGANIZACIONAL
– AGRADECER

11 1100

11H30: REUNIÃO COM AL WEISS
– ESTRUTURA ORGANIZACIONAL
– HORAS EXTRAS
– PROBLEMAS/CONSELHOS

12 1200

* SUPERMERCADO PARA PRISCILLA, NO CAMINHO DE VOLTA PARA CASA
* LEITE, PÃO, JORNAL, MORANGO, UVA

1 1300

2 1400

ELIZ JOHNSON – LIGAR PARA HÓSPEDE
– EXPERIÊNCIA NEGATIVA NO CHECK-IN
– MARY FOI GROSSEIRA
– QUARTO 18H
– RETORNAR LIGAÇÃO ATÉ 12H DE SEXTA-FEIRA 19/5

3 1500

4 1600

5 1700

APRENDA A ATRIBUIR AS PRIORIDADES CERTAS   105

5

SIGA OS CONSELHOS DA SUA MÃE SOBRE PROCRASTINAÇÃO

Vá arrumar seu quarto!

"Daqui a um ano você
vai se arrepender de não
ter começado hoje."

KAREN LAMB

Quando eu era adolescente, minha mãe costumava usar um palavrão quando falava comigo e com meu irmão. Lembro que ela dizia coisas como: "Você quer fazer o favor de parar de procrastinar e limpar logo seu quarto?", "Parem de procrastinar e vão fazer a lição de casa" ou "É impressão minha ou você está procrastinando de novo? A grama não vai se cortar sozinha". Eu sabia a definição de *procrastinação*, mas confesso que não entendia muito bem. Só fui pensar no que aquela palavra significava para mim depois de muito tempo.

Lembro-me de dizer à minha mãe que eu *não* estava procrastinando. Eu falava coisas como: "Vou fazer mais tarde", "Eu esqueci. Já vou fazer" ou "Não deu tempo". Você sabe... todas as desculpas básicas que todo mundo usa. Acho que na época eu acreditava que a procrastinação era uma falha de caráter e que ninguém podia fazer muita coisa a respeito.

Bem, depois que fiz aquele curso de gerenciamento de tempo nos anos 1980, posso dizer que aprendi a lição! Percebi que no trabalho a procrastinação é um verdadeiro assassino de carreiras e um destruidor da ambição. Aprendi que, se seus superiores ou colegas o consideram um procrastinador, isso pode ser o pior cenário se você estiver tentando subir na hierarquia da empresa. Tirando "bandido" ou "ladrão", "procrastinador" pode ser a pior denominação que alguém pode dar a você no trabalho. Depois daquele curso, fiquei obcecado em criar uma reputação contrária à de um procrastinador.

Eu queria ser visto, tanto por meus colegas como por meus superiores, como um sujeito proativo, capaz de aproveitar as oportunidades. Veja o que fiz, e recomendo muito que você faça o mesmo:

1. Programe as prioridades de sua vida, anote-as em sua agenda e siga essa programação.

2. Faça uma lista de tarefas todos os dias durante seu planejamento do tempo e defina uma prioridade a cada tarefa.

3. Reflita sobre seus objetivos a longo prazo todos os dias ao fazer o planejamento do tempo e comece a trabalhar neles agora mesmo, para que se concretizem mais adiante.

4. Mantenha as tarefas vitais nas quais você está trabalhando sempre à vista em sua mesa, para que você se lembre de concluí-las, aconteça o que acontecer.

5. Divida os grandes projetos em partes menores para poder concluí-los aos poucos... E recorra a especialistas para ajudá-lo.

6. Reserve um tempo na sua agenda para interrupções e para o inesperado. Não encha a agenda de tarefas.

7. Faça logo aquelas coisas que você odeia ou não gosta de fazer para não passar o resto do dia pensando nelas.

8. Desenvolva e adote um sistema administrativo simples que lhe permita acessar rapidamente documentos, informações, números de telefone e endereços.

9. Saiba como usar a tecnologia para poupar tempo e aumentar sua eficácia. A maioria das pessoas não se beneficia de todo o potencial de seus dispositivos tecnológicos.

10. Comprometa-se com os prazos no trabalho, certifique-se de que os outros concordem com os prazos quando lhes delegar tarefas ou quando você receber uma atribuição de seu chefe, cônjuge ou sócio. "Dia 5 de junho às 5 horas da tarde" é um prazo. "Assim que possível" e "Quando eu tiver um tempo" não são prazos.

11. Escolha a melhor hora do dia para se concentrar em você. Para mim e para a maioria dos líderes, esse horário ideal é de manhã. No meu caso, às 6h15.

12. Aprenda a dar início aos projetos o mais rápido possível, o que lhe dará tempo suficiente para trabalhar neles e refazê-los, se for necessário. Quanto antes você começar, melhor costuma ser o resultado.

13. E a grande dica: aprenda a delegar corretamente e a confiar nos outros. Encontre especialistas para ajudá-lo em áreas que não sejam seus pontos fortes.

ARRANQUE OS "DESPERDIÇADORES DE TEMPO" PELA RAIZ

Hoje em dia, o que não faltam são "desperdiçadores de tempo" na nossa vida. Recomendo que você dedique parte do seu planejamento do tempo de manhã para refletir sobre as questões a seguir.

FAÇA A SI MESMO AS SEGUINTES PERGUNTAS

- O que costuma desperdiçar seu tempo?
- O que você pode fazer para eliminar esses desperdiçadores de tempo?
- Como você pode usar esse tempo para fazer coisas mais produtivas e que agreguem mais valor à sua vida profissional ou pessoal?
- Quais desperdiçadores de tempo você mesmo impõe à sua vida e quais são impostos por outras pessoas?

Alguns ótimos exemplos de desperdiçadores de tempo que nós mesmos criamos são:

1. Dormir até tarde e não dedicar um tempo para o planejamento antes de começar o dia. Ao longo da minha carreira, notei que praticamente todas as pessoas de sucesso do planeta levantam cedo.
2. Falta de autodisciplina, que se relaciona ao item número 1, acima.
3. Assumir responsabilidades demais. Você precisa aprender quando dizer sim e quando dizer não.
4. Não delegar, ou não delegar direito, dando instruções e prazos claros.

5. Não entender a ideia nem captar o aprendizado porque não estava prestando atenção ou porque não ouviu direito. A distração é um dos maiores desperdiçadores de tempo da vida, porque você está fisicamente presente, mas sua atenção está em outro lugar. Priscilla já teve de me perguntar incontáveis vezes: "Lee, você está me ouvindo?". E em muitas ocasiões tive de me declarar culpado.

6. Não ser realista sobre o tempo necessário para concluir alguma tarefa. Comece logo para que, mesmo se você tiver calculado mal o prazo necessário, ainda tenha tempo de fazer um bom trabalho.

7. Não pensar em todas as possíveis complicações e, portanto, não se planejar para elas ou, melhor dizendo, não fazer de tudo para evitá-las.

8. Morar longe demais do trabalho.

9. Tolerar e até recompensar membros da equipe que insistem em chegar atrasados.

Mas há também desperdiçadores de tempo que nos são impostos por outras pessoas, como:

1. Ausência de política ou diretrizes operacionais.

2. Reuniões mal conduzidas que se arrastam por tempo demais.

3. Falta de autoridade.

4. Falta de feedback sobre o desempenho.

5. Descrição de cargo vaga.

6. Pessoas com problemas de comunicação.
7. Pessoas que esperam que os outros tomem as decisões.
8. Problemas que não são definidos de maneira clara.
9. Escassez de funcionários.
10. Excesso de funcionários.
11. Prioridades que mudam o tempo todo.

Reserve um tempo para fazer uma lista de cinco a dez coisas que o fazem desperdiçar tempo. Reflita a respeito delas e pense: qual é o melhor jeito de eliminá-las? Quando você encontrar a resposta a essa pergunta, arregace as mangas e resolva o problema! E, por tudo o que há de mais sagrado, PARE DE PROCRASTINAR! Já concordamos que a única pessoa que tem alguma chance de controlar os eventos de sua vida é você!

Por exemplo, quando eu trabalhava na Disney, vi muita gente procrastinando para fazer um treinamento chamado Project Tomorrowland. Era um tipo de coisa fácil de adiar, a menos que os Membros do Elenco reservassem sistematicamente um tempo para fazer o treinamento e começassem logo para poder fazer pausas em alguns momentos. Cerca de 92% dos integrantes da equipe concluíam o treinamento no prazo, mas aposto que eles encontraram muitas tarefas URGENTES de última hora em suas listas de afazeres antes de isso acontecer. Quanto aos que não conseguiram ir até o fim, 8% pode parecer pouco, mas essa porcentagem representa entre 800 e 1.000 pessoas que tiveram meses para concluir o treinamento.

As pessoas também costumam procrastinar muito na hora de declarar o imposto de renda. No dia 1º de janeiro, "Preparar a documentação para a declaração do imposto de renda" é um item *importante*. Mas, no dia 29 de abril, é uma tarefa URGENTE! E o mesmo pode ser dito sobre deixar para comprar os presentes de Natal no dia 24 de dezembro.

Como regra geral, sem precisar analisar profundamente os históricos individuais, posso afirmar que 95% das pessoas que não concluíram o treinamento Project Tomorrowland a tempo não subiram muito na organização e têm poucas chances de serem chamadas para assumir posições de liderança no futuro. Isso acontece porque elas ganharam a reputação de serem procrastinadoras, mais focadas em encontrar desculpas para suas deficiências. Tanto na vida profissional como na vida pessoal, ganhamos uma reputação com base no que fazemos, e não no que pretendemos fazer. Você pode escolher ser conhecido como uma pessoa confiável e proativa ou como um procrastinador em quem não dá para confiar.

MELHORANDO CADA VEZ MAIS

Agora que aprendemos o verdadeiro significado da palavra "procrastinação" e um pouco mais sobre como eliminar os desperdiçadores de tempo de nossa vida, vamos falar de como você pode se desenvolver cada vez mais como ser humano, líder, pai ou mãe, cônjuge, companheiro, líder comunitário e em todas as outras facetas da sua vida que gostaria de focar.

Se não souber ao certo o que é mais importante para você, terá dificuldade de se concentrar no que precisa ser feito para atingir seus objetivos. Desse modo, reserve um tempo para fazer uma lista das coisas que você mais valoriza na vida. Para exemplificar o que quero dizer com isso, veja a lista que fiz 35 anos atrás.

Na época, minha lista era composta dos itens a seguir:

1. Manter uma vida saudável.
2. Conquistar o respeito dos outros e respeitar os outros.
3. Ser um líder melhor.
4. Ter um ótimo desempenho pessoal.
5. Ter sólidas relações familiares.
6. Conquistar segurança financeira.

Essa era minha lista. Mas veja agora alguns itens valorizados por outras pessoas que conheço:

1. Ser uma pessoa mais humilde. (Respeitar todas as pessoas e demonstrar isso.)
2. Ser uma pessoa mais autêntica. (Dizer a verdade e admitir os erros.)
3. Ser uma pessoa mais bem informada. (Ler mais.)

SIGA OS CONSELHOS DA SUA MÃE SOBRE PROCRASTINAÇÃO   115

4. Melhorar minha autoconfiança e autoestima.
5. Ser mais organizado. (Fazer um curso de gerenciamento de tempo.)
6. Conquistar a confiança das pessoas. (Reservar um tempo para conhecer e ajudar as pessoas.)
7. Aprender a falar melhor em público. (Não dá para fazer isso na véspera de uma palestra.)

Quando você conseguir identificar pontos de melhoria ou metas a serem atingidas, pode usar sua agenda diária e outros meios para começar a trabalhar no desenvolvimento dessas áreas. Você será capaz de ver melhorias em alguns aspectos da sua vida com a simples medida de mantê-los sempre em mente, ao passo que outros aspectos exigirão mais empenho e ajuda externa. Mas identificar as áreas de melhoria já é metade do caminho andado.

Uma das principais razões pelas quais as pessoas não melhoram é que não são sinceras consigo mesmas. Elas são incapazes de ver os próprios pontos fracos. Se você não conseguir identificar seus pontos fracos, pelo menos colabore para que as pessoas consigam apontá-los e ajudar a corrigi-los. Nenhuma educação nem formação está completa se não incluir a autorreflexão. Como líder de cerca de 40 mil funcionários, tive de me tornar muito ciente de meus próprios pontos fracos para começar a melhorá-los imediatamente.

Você precisa melhorar mais rápido!

Dê uma olhada na última pesquisa de satisfação dos funcionários de sua empresa. Se sua empresa ainda não faz isso, sugiro vivamente que passe a fazer uma pesquisa como essa todos os anos, a fim de descobrir o que os funcionários estão pensando e as melhorias que eles gostariam de ver. Se você for um líder, será especialmente interessante saber o que seu pessoal acha de sua liderança. Leia as entrelinhas dos comentários e mensagens deles e preste muita atenção ao que sua família e amigos estão dizendo em comentários, linguagem corporal e expressões faciais. Pode ter certeza de que você vai encontrar os problemas se procurar por eles.

Uma vez identificadas as áreas problemáticas, você pode começar a trabalhar para corrigi-las. O céu é o limite para o que a maioria das pessoas é capaz de realizar caso se foquem, se esforcem e tenham uma visão de como o futuro pode ser quando elas resolverem os problemas identificados. Priscilla me deu um feedback sobre várias de minhas fraquezas, como meu comportamento ao volante, minha necessidade de aprender a pedir desculpas sinceras e a importância de começar a ouvir melhor os outros. Acho que ela concorda que eu tenho feito um excelente trabalho no desenvolvimento dessas áreas, e sou muito grato pela ajuda indispensável que ela tem me dado para eu me tornar uma pessoa melhor. Ela continua apontando problemas, e espero que continue fazendo isso no futuro.

A verdade é que a maioria das pessoas nem tenta ter uma vida excelente simplesmente porque já têm uma vida boa, uma vida razoável, e se contentam com isso. Mas por que se contentar com o mediano quando se pode atingir a excelência? Pense em como o Walt Disney World® seria diferente – se é que teria chegado a existir um dia – se Walt Disney tivesse se contentado com a mediocridade. Será que teríamos clássicos como *Branca de Neve e os sete anões*, *Bambi*, *Frozen* ou *O rei leão* se os líderes da Disney tivessem ficado satisfeitos em ser meramente bons?

Todos nós cometemos o erro de viver na nossa zona de conforto e, muitas vezes, resistimos a correr riscos ou a tentar coisas novas porque temos esse medo humano básico do fracasso. Pessoas de grande sucesso muitas vezes também têm medo, mas a diferença é que elas correm riscos calculados e seguem em frente de qualquer maneira. Se não corrermos riscos, não teremos como atingir a excelência. Não tive uma carreira mediana. Não tive uma boa carreira. Tive uma *excelente* carreira, porque corri muitos riscos ao longo do caminho.

REGISTRE SUAS METAS

Pode ser muito chato estabelecer metas, mas, se você não as definir, não terá como saber se chegou lá nem quando chegou lá. Uma meta pode ser uma grande fonte de inspiração e, geralmente, quando você revela sua meta aos outros, eles o ajudarão a atingi-la!

Um dos passos mais importantes para atingir suas metas é *colocá-las no papel*. Essa simples medida faz uma enorme diferença. Quando você as registra, elas ficam muito mais claras. *O ato de escrever transforma um pensamento intangível em algo concreto*, e precisamos disso se queremos transformar o que imaginamos em realidade.

Veja algumas dicas para definir metas:

- Defina metas específicas.
- Expresse a meta de uma maneira que seja possível mensurar os resultados. Se a meta não for mensurável, não é uma boa meta.
- Certifique-se de que a meta seja algo que você quer muito e não algo que alguém quer para você. Minha mãe queria que eu fosse dentista. Ser dentista não era uma meta minha e eu não conseguia me empolgar tanto quanto ela com a possibilidade.

Veja alguns exemplos de metas:

1. Perder 15 quilos até 1º de dezembro.
2. Fazer exercícios na academia 90 minutos por dia, cinco dias por semana, começando no dia 1º de maio.
3. Reduzir minhas despesas em 10% até o dia 30 de setembro.
4. Passar quatro horas por mês em alguma atividade com cada um de meus filhos.
5. Levar minha esposa para jantar uma vez por mês.
6. Fazer o check-up médico anual até 15 de junho.

Acho que já deu para ter uma ideia.

E você pode estabelecer metas para diversas áreas da sua vida, como:

- desenvolvimento profissional e de carreira;
- planejamento financeiro para a aposentadoria;
- saúde (incluindo exercícios, dieta, peso e sono);
- desenvolvimento cultural e intelectual;
- aprendizado a respeito de tecnologia...

E assim por diante.

Uma vez definidas as metas, não hesite em pedir ajuda para atingi-las. E não deixe de responder a uma pergunta importantíssima que a maioria das pessoas nunca se faz: *estou preparado para pagar o preço que essa meta representa?* Sua meta é correr uma maratona? Nesse caso, é melhor você estar preparado para pagar o preço do treinamento. A meta do meu amigo Dieter Hannig é escalar o Monte Everest. Atingir essa meta envolve um preço enorme a pagar, física e financeiramente, e Dieter sabe disso. E quanto à sua meta de se tornar um líder? Você já pensou no preço que os líderes pagam em termos do tempo que precisam dedicar à liderança? E o que dizer do nível de estresse e da pressão de tomar decisões difíceis, dia após dia? Sempre faça uma avaliação realista da relação custo-benefício que uma meta envolve.

Você pode ler meus dois primeiros livros, *Criando magia* e *A magia do atendimento*, para ter ideias de metas e ampliar suas opções. Ao ler essas obras, lembre que elas podem ser aplicadas à sua vida profissional ou à sua vida pessoal, de preferência às duas. E fique de olho em meus dois próximos livros. *Career Development Magic: How to Stay on Track to Achieve a Stellar Career* [A magia do desenvolvimento profissional: como manter o rumo para ter uma carreira espetacular] vai ensiná-lo a manter a carreira sob controle e em ascensão. Já *Story Telling Magic: Setting Direction for Your Organization through Story Telling* [A magia do *storytelling*: direcione sua organização narrando histórias] tem um título autoexplicativo.

Bom, preciso ir agora. Tenho de chegar a tempo a uma reunião marcada na minha agenda. Tenha um ótimo dia contemplando sua vida!

6

OS CONSELHOS DE PRISCILLA SOBRE A DISTRAÇÃO

Preste atenção!

"A capacidade de focar e usar bem seu tempo é fundamental se você quer ter sucesso no trabalho ou em praticamente qualquer outra esfera da sua vida."

LEE IACOCCA

Agora vamos entrar em algumas áreas que podem soar inusitadas para um livro sobre como gerenciar melhor o tempo. A distração é um dos maiores desperdiçadores de tempo e se aplica a todas as facetas de nossa vida. Quando estamos distraídos, não prestamos atenção e, quando não prestamos atenção nos acontecimentos ao nosso redor, deixamos passar problemas que deveríamos estar prevenindo ou resolvendo. Quando não prestamos atenção por estar pensando em alguma outra coisa, desperdiçamos tempo, porque alguém vai ter de explicar novamente as coisas para nós; ou pior, vamos fazer a coisa errada porque não estávamos ouvindo com atenção.

Quer um excelente exemplo disso? Tente conversar com alguém que está assistindo à TV, especialmente uma criança. Tente mandar crianças pequenas limpar o quarto ou fazer *qualquer coisa* quando elas estiverem diante da TV. É pouco provável que elas escutem suas instruções. Na verdade, talvez não ouçam nenhuma palavra que você disser. Elas nem vão desgrudar os olhos da TV para olhar na sua direção. Pelo menos com as crianças dá para saber que não estão ouvindo. Já os adultos sabem fingir.

Os maridos são famosos por ouvir a esposa falar sem tirar os olhos da TV. Pelo menos é o que Priscilla me diz! Tento explicar que a culpa não é nossa, que isso já vem programado nos genes masculinos. Ela ainda não engoliu a desculpa, mas é a única explicação que faz algum

124 A MAGIA DO GERENCIAMENTO DO TEMPO

sentido para mim. Então, para todos os homens do mundo: quando vocês ouvirem as palavras "Você está me ouvindo?", saibam que isso não é uma pergunta. É uma afirmação e uma advertência. E não vai adiantar responder "Estou, sim, amor". Sugiro desligar um pouco a TV para evitar problemas de comunicação. A distração invariavelmente leva a mal-entendidos. E as consequências podem ser muito mais graves, como quando um carro bate na traseira do seu porque o motorista de trás estava distraído – muito provavelmente com o celular – em vez de atento ao trânsito.

Já deve ter acontecido de você estar em uma reunião e alguém perguntar "O que você acha disso?" e você ser forçado a dizer, envergonhado, "O que foi mesmo que você disse? Eu não estava ouvindo. Dá para repetir?". É claro que você deixou de ouvir a pergunta porque não estava prestando atenção. Você estava distraído. Você devia estar pensando na reunião seguinte ou sonhando acordado com alguma praia paradisíaca.

Hoje em dia, as pessoas estão mais distraídas do que nunca. Nas reuniões, elas chegam a prestar mais atenção em seus smartphones e tablets do que no que está sendo dito. Prestar atenção nos outros é uma importante responsabilidade no trabalho, não importa qual seja sua posição na empresa. Se você é um líder, saia de sua sala para ouvir seu pessoal. E lembre-se: o que eles estão dizendo e o que realmente estão tentando lhe dizer são duas coisas diferentes.

OS CONSELHOS DE PRISCILLA SOBRE A DISTRAÇÃO   125

Em todos os aspectos de sua vida, cabe a você, e a mais ninguém, focar e investigar para descobrir a verdade e tomar as decisões corretas. Preste atenção na pessoa especial da sua vida, em seus filhos, em seu chefe, em seus subordinados diretos, em seus amigos, em seus parentes e em todas as outras pessoas que cruzarem seu caminho. Elas se sentirão valorizadas, e você será muito mais eficaz e eficiente. Além disso, as pessoas vão prestar atenção em você, e sua reputação sairá reforçada.

Veja algumas maneiras de se livrar do péssimo hábito da distração:

- Faça anotações quando alguém estiver contando algo, pois assim você ficará engajado na conversa.
- Posicione-se fisicamente de maneira a se concentrar apenas na pessoa que está falando, a fim de ouvir o que ela diz. Sempre achei melhor sentar-me ao lado das pessoas com quem estou me reunindo em vez de ficar atrás de minha mesa, de frente para elas. Na ausência de barreiras físicas entre você e a pessoa, há mais chance de vocês terem uma comunicação clara e focada.
- Nunca tente ler um e-mail ou mensagem de texto durante uma conversa nem atenda ao telefone quando alguém está tentando explicar alguma coisa.
- Nas reuniões, sente-se ao lado do chefe ou na primeira fila. Isso o ajudará a se manter focado e não sonhar acordado.

- Concentre-se em uma coisa de cada vez, se quer ser um bom comunicador, poupar tempo e fazer um excelente trabalho.

- Cuide da saúde se alimentando corretamente, se exercitando e dormindo o suficiente – e, em climas quentes, tomando bastante água. Quando está fisicamente apto, você se sente bem, e, quando isso acontece, é capaz de prestar atenção sem perder o foco por conta da falta de sono ou de uma dieta inadequada. Ter um alto nível de energia é uma excelente maneira de poupar tempo. Estar em forma também ajuda a administrar melhor o estresse, o qual pode drenar sua capacidade de prestar atenção. Sua agenda também pode ajudá-lo a manter sua vida sob controle, pois você consegue, por exemplo, programar exercícios físicos, garantir tempo suficiente de sono todos os dias e registrar o que come para identificar os efeitos de diferentes alimentos sobre seu corpo e sua mente. (Uso o smartphone para consultar as calorias dos alimentos antes de fazer um pedido em um restaurante ou mesmo antes de comer.)

POUPE TEMPO EM REUNIÕES

A seguir, veja algumas maneiras de evitar desperdício de tempo durante as reuniões:

- Uma boa maneira de poupar tempo para você e para os outros é ser muito responsável ao conduzir uma reunião. Certifique-se de marcar, na véspera, um compromisso consigo mesmo na sua agenda. Desse modo, você poderá se preparar para não atrasar o início da reunião, conduzi-la com eficiência e terminar na hora marcada, ou até antes, se possível. Poucas coisas deixam as pessoas mais felizes do que sair mais cedo de uma reunião, exceto, talvez, saber que a reunião foi cancelada. No trabalho, as reuniões têm a reputação de ser um grande desperdício de tempo. Você pode virar a mesa conduzindo reuniões tão produtivas que todos vão acabar querendo entrar em reuniões e as considerar uma excelente utilização de seu tempo.

- Sempre use uma pauta para conduzir uma reunião. Caso contrário, as pessoas perderão o foco, e o nível de eficiência vai despencar. Tente conduzir as reuniões de maneira a efetivamente ajudar as pessoas a trabalhar melhor.

- Existem dois tipos de reunião, que devem ser conduzidos separadamente. O primeiro tipo tem como objetivo apresentar informações, enquanto o segundo visa a resolver problemas. É melhor não tentar resolver um problema específico em uma reunião marcada para dar informações, porque muitos participantes não poderão fazer nada para resolver o problema. Você estará desperdiçando o tempo dessas pessoas e elas vão se perguntar, com razão: "O que é que estou fazendo aqui?". Marque reuniões separadas para lidar com problemas específicos e só convoque as pessoas das quais você efetivamente precisa para resolver o problema.

- Conclua reuniões e telefonemas rapidamente. Aprenda a ir direto ao ponto. Quando parecer que a reunião está esfriando, faça um resumo das responsabilidades de todos e pergunte aos participantes se alguém tem algo a acrescentar. Quando eles responderem que não, levante-se para indicar que a reunião terminou. Concluir reuniões e telefonemas com eficiência me poupou milhares de horas ao longo da minha carreira.

- Depois da reunião, não deixe de anotar, na seção "Diário" de sua agenda, as ações combinadas e quaisquer novas responsabilidades que você possa ter assumido. Monitore o progresso das ações no dia seguinte, quando fizer seu planejamento do tempo.

- Pense que a reunião pode não ser necessária. Sempre pergunte às pessoas por que elas querem se reunir com você. Você pode nem ser a pessoa certa para a reunião. E, se você for a pessoa certa, pode ser mais eficiente conversar por telefone e/ou e-mail. Reuniões presenciais são muito importantes, mas nem sempre necessárias. Não se reúna com as pessoas só porque elas pediram uma reunião.

MAIS DICAS PARA POUPAR TEMPO

Conheça outras maneiras de economizar tempo:

- Tenha tudo aquilo de que você precisa sempre ao alcance das mãos. Se você não mantiver por perto as informações, os materiais e os dispositivos dos quais precisa para fazer seu trabalho, perderá tempo procurando por eles. De tempos em tempos, faça um inventário dos itens importantes para se certificar de que estejam por perto. Procurar por algo tão simples quanto uma tesoura ou um número de telefone pode acabar sendo um grande desperdício de tempo.
- Recorra a especialistas que possam ajudá-lo a tomar decisões. Em muitas ocasiões, os especialistas são os funcionários da linha de frente, o pessoal que trabalha em contato direto com os clientes. Quem poderia saber mais sobre o check-in de um resort do que o funcionário da recepção que cuida do check-in de centenas de convidados por semana? Foi aos funcionários da recepção que recorri quando fiquei sabendo do problema de check-in em um dos hotéis sob minha responsabilidade. Então, pergunte a si mesmo de tempos em tempos:

» O que estou fazendo agora que não precisa ser feito por mim ou por meus subordinados diretos?

» O que estou fazendo agora que outra pessoa poderia ser treinada para fazer?

» O que estou fazendo agora que eu estaria disposto a pagar outra pessoa para fazer, liberando meu tempo para tarefas mais importantes?

- Crie um ambiente no qual as pessoas se sintam seguras para dizer o que pensam e trabalhem empolgadas por serem respeitadas, ouvidas e valorizadas. Se você respeita, aprecia e valoriza todas as pessoas, vai poupar um tempo incalculável. Suas equipes farão um trabalho melhor, e muitos problemas nem chegarão a surgir. Quando as pessoas confiam em você e quando você é humilde, sincero, empolgado, cooperativo e gentil, o tempo que vai poupar nem tem como ser medido por um relógio. Você pode achar que é uma perda de tempo dar ouvidos aos funcionários da linha de frente, mas garanto que é exatamente o contrário. Você não faz ideia de quanto tempo poupei ao longo da minha carreira na Disney ao adotar a simples medida de reservar um tempo para ouvir.

- Pense em si mesmo como um ambientalista. Encontre maneiras de melhorar o ambiente de trabalho por meio de sua liderança, sua atitude, seu comportamento e sua presença. Proporcione às pessoas um ambiente maravilhoso em que elas possam apresentar um desempenho à altura da capacidade delas, e até superar esse desempenho. Crie um ambiente e uma cultura nos quais todo mundo faz a diferença e se sente valorizado. Assim vocês atingirão a excelência.

- Agradeça todos os dias à sua equipe, bem como à sua família e amigos. Não deixe de cumprimentá-los e recompensá-los, seja com coisas materiais ou palavras gentis, respeitosas e pessoais. Como diz o ditado: "As pessoas não vão se lembrar do que você disse, mas sempre se lembrarão de como você as fez se sentir". Também é verdade que ninguém se importa com o quanto você sabe até descobrirem o quanto você se importa. Tenha cuidado com o que diz e faz, porque você é observado e julgado por todos ao seu redor.

Por fim, lembre-se de que você é a pessoa que mais tem controle sobre seu futuro.

Você é o dono de seu tempo... e de sua vida!

7

CONSIDERAÇÕES FINAIS

Quando você vai começar?

"Quando você dominar o tempo,
entenderá a verdade do seguinte fato:
a maioria das pessoas superestima o
que são capazes de realizar em um
ano e subestima o que são capazes
de realizar em uma década."

Louis E. Boone

Espero que você tenha tido algumas boas ideias e aprendido algumas técnicas para gerenciar sua carreira e todas as outras facetas da sua vida. Posso dizer com toda a sinceridade que os maiores objetivos e sonhos de Walt Disney, Conrad Hilton e Bill Marriott não teriam sido concretizados se não fosse todo o foco que eles e suas equipes de liderança dedicaram ao gerenciamento do tempo. Também posso garantir que, se você assumir a responsabilidade de se tornar o gestor do tempo e da vida da maneira mais eficiente e eficaz que conseguir, praticamente tudo será possível.

Agora eu gostaria de fazer minhas últimas considerações sobre o tema e dar algumas ideias de como começar. Uma das coisas que sabemos com certeza é que, quando aprendemos algo novo em que acreditamos e que gostaríamos de implementar, precisamos começar imediatamente a adotar esses novos conhecimentos e hábitos. Assim, a primeira coisa que você deve fazer, agora mesmo, é comprar uma agenda, se já não tiver uma, ou dar um jeito de usar seu smartphone para fazer as mesmas tarefas. Você pode comprar uma Day-Timer®, como eu, ou uma agenda similar de página dupla.

Considero esta lição tão importante que faço questão de enfatizá-la: *você definitivamente precisa usar uma agenda se quer gerenciar bem seu tempo*. Uma agenda física – ou seu smartphone, se preferir – pode ser usada para muitas tarefas, como:

- Lembrar-se de eventos especiais, aniversários, jantares etc.
- Lembrar-se de dar feedback positivo a alguém.
- Lembrar-se de recompensar alguém.
- Lembrar-se de reconhecer a ajuda de alguém ou simplesmente agradecer.
- Melhorar sua comunicação com as pessoas.
- Agendar todos os eventos da sua vida... TODOS!

A lista é interminável.

Também recomendo que você use uma caneta preta ou azul, uma caneta vermelha e uma lapiseira ou lápis com borracha. Uso o lápis quando preciso marcar compromissos e agendar eventos que podem mudar e eventualmente ter de ser apagados; uso a caneta vermelha para ir eliminando as tarefas à medida que as concluo; e uso a caneta preta ou azul para escrever observações e cartas, assinar documentos etc. Posso garantir que ver sua agenda repleta de marcas vermelhas indicando as tarefas concluídas é uma das melhores sensações do mundo.

MAIS DICAS PARA POUPAR TEMPO

Usar uma agenda vai mudar sua vida. Mas você também pode gerenciar seu tempo com eficácia de muitas outras formas.

Veja algumas dicas que aprendi ao longo do caminho:

- Melhore suas habilidades de comunicação, de modo que, quando for dar instruções ou delegar responsabilidades, você possa ser absolutamente claro, evitando ambiguidades. Para garantir clareza, peça que as pessoas lhe digam o que entenderam.

- Ouça com mais atenção e faça anotações para entender melhor o que está ouvindo.

- Faça mais perguntas para verificar se você entendeu direito o que está sendo dito e esclareça o que não estiver entendendo. Assuma 100% da responsabilidade pela sua comunicação com as pessoas.

- Não deixe de reservar entre 5 e 30 minutos para fazer seu planejamento todos os dias. Essa é uma estratégia essencial. Tendo conhecido pessoalmente alguns dos líderes de maior sucesso de empresas de grande êxito do mundo, acredito que é quase impossível ser bem-sucedido sem reservar um tempo para o planejamento todos os dias.

- Reflita todos os dias sobre as coisas nas quais você deveria estar trabalhando hoje e que só vão render frutos em questão de meses ou anos.

- Não deixe de reservar um tempo para cuidar das tarefas vitais que renderão maior retorno para seus clientes, seus funcionários, sua empresa e sua vida pessoal. Podem não ser tarefas fáceis, mas você precisa começar logo a trabalhar nelas. E não deixe de pedir ajuda caso encontre barreiras físicas ou mentais.

- Identifique os desperdiçadores de tempo e elimine-os sistematicamente.
- Aprenda a conduzir reuniões com eficiência, usando uma agenda e começando e concluindo a reunião na hora marcada.
- Registre suas metas pessoais na sua agenda ou celular para não perder o controle delas.
- Quando delegar alguma tarefa, por mais simples que seja, monitore o progresso na sua agenda para garantir que seja concluída. Isso vai reforçar sua reputação como uma pessoa organizada e no controle das coisas.
- Se fizer resoluções de Ano Novo, use a agenda para programá-las e monitorar o andamento delas, certificando-se, assim, de que todas serão de fato concretizadas. E lembre que você não precisa esperar até o Ano Novo para fazer uma resolução e começar a fazer algo que promete melhorar sua vida, a vida de seus entes queridos e sua empresa.
- Quando fizer sua lista todo dia de manhã, pense nas coisas que seu chefe gostaria que você realizasse.
- Identifique as tarefas que prometem render grandes retornos na sua vida profissional ou pessoal.
- Comece logo a trabalhar nessas tarefas, de modo a ter tempo suficiente para fazer uma pausa e, ainda assim, concluí-las a tempo.
- Pense nas tarefas que o deixariam especialmente satisfeito se as concluísse e inclua-as na sua agenda.

- Pense nas tarefas que deixariam seu chefe ou sua família especialmente satisfeitos se você as concluísse e inclua-as na sua agenda.
- Procure tarefas que precisem ser feitas hoje, de acordo com políticas, diretrizes operacionais, exigências legais, diretrizes de integridade ou valores pessoais de sua empresa.
- Consulte este livro de tempos em tempos para se lembrar daquilo que você não está fazendo.

SEM ARREPENDIMENTOS

Nada é mais triste do que envelhecer atormentado pelo remorso. Já ouvi muitas vezes estas frases: "Queria ter passado mais tempo com meu filho", "Queria ter falado com minha filha sobre sexo a tempo", "Queria ter parado de fumar antes", "Queria ter cuidado da minha dieta e do meu peso e me exercitado mais", "Queria ter voltado à faculdade", "Queria ter dito mais vezes a meu cônjuge que o/a amo"... Queria, queria, queria, desejo, desejo, desejo... Quantos arrependimentos você quer ter? Quantos arrependimentos você *vai* ter se não planejar nem usar o tempo com eficácia?

Se você já assistiu à série *Esquadrão Classe A* na TV, nos idos dos anos 1980, sabe que em todos os episódios eles diziam: "Adoro quando um plano dá certo". Na Disney e em outras empresas de grande sucesso, eles sabem planejar e dão muita atenção aos detalhes. Se você prestar atenção aos detalhes, não vai ter arrependimentos no futuro. Veja algumas dicas:

Lembre-se de que só existem dois tipos de decisões: as *reversíveis* e as *irreversíveis*. As decisões reversíveis podem ser implementadas com muito mais rapidez do que as irreversíveis. Certifique-se de saber a diferença antes de tomar uma decisão.

Repasse com atenção as tarefas do dia anterior na sua agenda todo dia de manhã e não deixe nada para trás.

Pense nas coisas que você quer e precisa fazer. Em seguida, use sua agenda e todos os outros meios à sua disposição para efetivamente fazê-las acontecer. Por exemplo, enquanto escrevia este capítulo, incluí na minha agenda um lembrete para preparar a documentação da minha declaração do imposto de renda e enviá-la a meu contador no dia 1º de abril. E foi exatamente o que fiz. Se não tivesse programado a tarefa na minha agenda, eu provavelmente teria me esquecido de enviar os documentos. No entanto, como planejei esse detalhe, a missão foi cumprida! A Receita Federal não perdoa ninguém.

Outro exemplo: deixei um lembrete para comprar lembrancinhas de Páscoa para meus netos. Margot adorava Band-Aids da Barbie, Tristan não largava a chupeta e Jullian estava na fase dos quebra-cabeças. Eles esperavam ganhar chocolate, mas essas coisas eram especiais. Também incluí nas sacolas vales-presentes que escrevi de próprio punho. Eles adoram ganhar esses vales, especialmente quando dizem respeito a um passeio na Apple Store.

Também deixei um lembrete para checar os aparelhos de ar-condicionado de casa antes do verão. Você pode incluir todo tipo de coisa na sua agenda.

ALGUMAS ÚLTIMAS DICAS

Não basta pensar no que você quer e não quer fazer. Pense em suas responsabilidades nas diferentes áreas de sua vida.

Pense no que você deve fazer agora para garantir não só sua sobrevivência, mas também seu sucesso.

Jamais subestime o que você pode fazer para si mesmo e para os outros. E nunca esqueça: se você não agendar, não vai acontecer.

Comece hoje mesmo. Sim, hoje mesmo! Boa sorte gerenciando seu tempo e a sua vida! Espero que todos os seus sonhos se realizem!

Por fim, lembre-se do que Peter Pan diz na canção "The Second Star to the Right" [A segunda estrela à direita], do filme *As aventuras de Peter Pan*, de Walt Disney:

> "Os sonhos que você planeja podem realmente virar realidade."

SOBRE O AUTOR

Lee Cockerell trabalhou como vice-presidente executivo de operações do Walt Disney World® Resort. Passou dez anos ocupando o cargo de executivo operacional sênior, liderando uma equipe de 40 mil membros e encabeçando as operações de 20 resorts, quatro parques temáticos, dois parques aquáticos, uma vila de compras e entretenimento e o complexo esportivo e recreativo ESPN; também era responsável por todas as operações secundárias do maior destino turístico do mundo.

Um dos maiores e mais duradouros legados de Lee foi a criação do programa de treinamento Disney Great Leader Strategies, utilizado para treinar e desenvolver os 7 mil líderes do Walt Disney World®. Ele ocupou vários cargos executivos no setor de hospitalidade e entretenimento, tendo atuado por oito anos na rede de hotéis Hilton e 17 anos na Marriott Corporation, antes de entrar na Disney em 1990 para abrir o projeto da Disneyland Paris.

Lee atuou como presidente do conselho de inúmeras instituições, como a Heart of Florida United Way, o Culinary Institute of America (CIA), a Production and Operations Management Society e a Reptilia, uma empresa canadense de atrações e entretenimento. Em 2005, o governador Bush nomeou Lee para presidir o conselho de administração do Comitê de Voluntariado e Serviços Públicos do Governador no estado da Flórida. Hoje ele se dedica a dar palestras ao redor do mundo.

É autor de *Criando magia: 10 estratégias de liderança desenvolvidas ao longo de sua vida na Disney*, traduzido para 13 idiomas, e de *A magia do atendimento: as 39 regras essenciais para garantir serviços excepcionais*.

Lee também conduz workshops sobre liderança e excelência no atendimento, além de prestar consultoria para organizações ao redor do mundo e para o Disney Institute. Ele já recebeu os seguintes prêmios:

- Prêmio Golden Chain por Liderança e Desempenho Excepcionais, concedido pela Multi-Unit Foodservice Operations Association (MUFSO).
- Prêmio Silver Plate por Operador Excepcional no Setor de Produção e Distribuição de Alimentos, concedido pela International Foodservice Manufacturers Association (IFMA).
- Excelência em Liderança e Gestão de Operações de Produção, concedido pela Productions and Operations Management Society (POMS).
- Avô do ano de seus três netos: Jullian, Margot e Tristan.

Lee e a esposa, Priscilla, moram em Orlando, na Flórida.

Se tiver interesse em serviços de consultoria, workshops, coaching executivo e seminários sobre liderança, gerenciamento e atendimento de primeira linha ao consumidor, entre em contato com Lee Cockerell pelo e-mail Lee@LeeCockerell.com